设宴系列

影响世界的时尚大师 亚历山大·麦昆

What Alexander McQueen Can Teach You About Fashion

[美] 安娜·菲内尔·霍尼曼 著　李祎 译
（Ana Finel Honigman）

机械工业出版社
CHINA MACHINE PRESS

引言

他是朋友眼中的李（Lee），也是世界眼中的亚历山大（Alexander）。麦昆（McQueen）有一种独特的神奇天赋，可以将个人悲剧、痛苦和折磨转化为时代的美和艺术，同时也揭露出社会的不公正。麦昆的作品实现了艺术的最终目的：激发细致入微的自我探寻和对他人的同理心。他的秀场一直是一种充满感官享受的战术演绎，而他设计的衣服令观众想要触摸，并使穿着者可以实现自我的表达。他将性与情感带到T台上，让观众看到生活中无所不在的真相。

麦昆通过时尚告诉我们，艺术的影响力并不局限于它的媒介，而是基于创作者的正直、求知欲、同理心和冒险精神。在麦昆进入时尚行业时，时装是一种艺术形式的想法仅存在于一些严谨的设计师中。三宅一生（Issey Miyake）、川久保玲（Rei Kawakubo）和安·迪穆拉米斯特（Ann Demeulemeester）便是其中的代表。这些设计师运用比例和无色调色彩，弱化身体和性别的存在感。穿着者突出的知识分子形象，使他们的服装成为艺术界的制服。相比之下，范思哲（Versace）和安娜·苏（Anna

---

1969年
李·亚历山大·麦昆（Lee Alexander McQueen）出生于伦敦，是家里六个孩子中最小的。

1985年
麦昆离开学校并开始在萨维尔街（Savile Row）当学徒。

1992年
麦昆在中央圣马丁发布了研究生毕业作品"开膛手杰克跟踪他的受害者"系列。

1993年
麦昆在霍克斯顿（Hoxton Square）立工作室，并获体的广泛关注。

Sui）等设计师也被视为流行文化的产物——代表着"罪恶"的愉悦。麦昆打破了这些定义。他改变了知识分子对时尚的看法，从无趣到富含深意。任何削弱麦昆时尚影响力的论点都显露出其势利的一面。2011 年，麦昆去世一年后，纽约大都会艺术博物馆（Metropolitan Museum of Art）举办了麦昆作品回顾展。这场主题为"野性之美"（Savage Beauty）的展览在三个月内吸引了超过 660 000 名参观者，是这家享有盛誉的博物馆历史上第八大受欢迎的展览。

化痛苦为美

麦昆通过自身的经历，以及他在系列中探索的主题，努力使时尚更具包容性，并勇于揭露它根深蒂固的偏见、局限和丑陋。他对自己所受的偏见已习以为常。正如时尚记者戴娜·托马斯（Dana Thomas）所写的那样，"李曾受到歧视同性恋的同学欺凌，这促使他养成了暴躁的脾气，并以口舌反击作为报复。"

麦昆的愤怒和幽默在他的作品中转化为激情。他以讽刺和危险的表现形式，创造出精准的强烈愿景。直到最近，时尚界还以保持和维护严格的精英界限而自豪。阶级和美貌是时尚界上层人士的既定标准。在 20 世纪 90 年代，《The face》（面孔）和《Dazed & Confused》（惶惑）击败了像《Vogue》这样的具有精英头衔的杂志，开始推广无背景的模特和摄影师，但设计师仍主要来自与他们的富豪消费者相似的背景。相比之下，麦昆是一名出租车司机的儿子。尽管他从未隐瞒自己的工人阶级出身，他的好朋友、向导和合伙人伊莎贝拉·布罗（Isabella Blow）让他将

96 年	2003 年	2010 年	2011 年
昆被任命为纪梵希（Givenchy）的设计监，并在 2001 年	麦昆被第四次授予"年度最佳英国设计师"（British Designer of the Year）称号，并被授予大英帝国司令勋章（CBE）。	麦昆在伦敦家中自杀。	纽约大都会艺术博物馆举办"野性之美"麦昆回顾展。

名字从字改为亚历山大,并认为这样听起来更时髦。事实上,他的背景激发了他敏锐的商业头脑:他缺乏许多同行所拥有的权利意识,从不羞于谈论金钱或为自己辩护,因此在他职业生涯的各个阶段,他都直面作为一个设计师的经济状况。

麦昆清楚地知道传统时尚编辑和业内人士对他的体重、不整齐的牙齿、伦敦东区的口音、谈论金钱时的坦率,当然还有他那粗俗的幽默感到多么的不安。他被称为"可怕的顽童"和"英国时尚界的坏小子",但他始终没有进入时尚界的核心圈子。尽管在他生命的最后阶段,他减掉了很多体重,塑造了自己的身材,并对牙齿进行了整形,可他仍然似乎从来没有完全地融入时尚圈,但他推动了时尚界对美和自我接纳的更广泛理解,如今,使整个行业变得激进。

用抱阴影

麦昆的性取向显然与同龄人不同。作为童年性创伤的幸存者,麦昆在性方面对权利失衡、危险、禁忌和不信任有着敏锐的意识。麦昆作品中所表现的亲密感是原始、冒险和具有对抗性的。虽然卡尔文·克莱恩(Calvin Klein)和汤姆·福特(Tom Ford)等设计师将裸体用于展示一种古典美或是挑逗意味,麦昆则是为了唤起更黑暗的欲望和激情。他的灵感来自亚文化场景中性、危机、死亡、暴力和欲望之间的不断相互作用。

从罗伯特·梅普尔索普(Robert Mapplethorpe)的摄影作品到公共服务文学,有关艾滋病的意象影响着麦昆作为同性恋者和艺术家的身份认知。他的朋友、艺术家约翰·梅伯里(John Maybury)说:"像李这样的孩子,在开始建立自己的性别认同时,这些阴影和负面影响便笼罩着他们。"他没有逃跑,而是邀请那个影子进来——作为他持续的病态意识的一个组成部分。

传记作者曾报道,麦昆在 2010 年自杀时已感染了艾滋病毒。虽然通过药物治疗,艾滋病毒已经变得更容易控制,但检测呈阳性的心理影响可能是导致他自杀的一个因素。毫无疑问,性与死亡之间的关联意识,是他艺术作品中最有力且最有意义的方面之一。

莎拉·伯顿(Sarah Burton)最初

是作为实习生加入麦昆工作室的,后来晋升为麦昆的私人助理。她保留了麦昆的复古风格,尊重麦昆作品中的主要美学主题,但并没有试图复刻他独特的能量。伯顿于 2010 年被任命为创意总监,次年为未来的剑桥公爵夫人凯瑟琳·米德尔顿(Catherine Middleton)设计婚纱。她精致且深思熟虑的作品更具有传统美感,凸显了麦昆标志性风格中较为优雅的一面,同时展现了她独特的柔和优势。伯顿说,一百年后,麦昆品牌将被视为"现代、创意、美和浪漫"的代表。

遗产

麦昆于 2010 年去世,享年 40 岁。他是世界上最知名且最具有影响力的英国设计师之一,以创造直面死亡和生活的极端边缘主题的艺术而闻名。所有的自杀都是由多种因素造成的,麦昆选择结束自己生命的行为也取决于很多因素——例如他小时候所遭受的创伤,他对药物的依赖,他失去深爱的母亲。时尚行业的特定职业压力,无休止的创作,商业优于创意完整性的行业走向也可以考虑在内,这些问题也对麦昆的创作产生了影响。也许他的艺术作品使他能够在对生命的肯定和对死亡的驱使之间保持平衡。正如麦昆所说:"我的作品一直都是自传性的,很多都与我自身的性取向和自我认知有关。"对于设计师而言,这些影响就像驱逐"鬼魂"。通过这个方式,麦昆把他的痛苦以时尚的形式带到 T 台,也让其他同样被"恶魔"所困扰的人意识到——痛苦可以转化为力量,没有什么比生存更美好。

目 录

引言

The Looks
经典作品

在梦魇中发现的美	010
成为炼金术士	014
颠覆性别	016
历史与当代艺术的融合	020
设计精神	024
暗黑美学	026
沙漏廓形的属性设计	030
反璞归真	031
飘逸褶皱	034
不朽之花	038
黑暗的力量	040
民族精神的觉醒	044

The Inspiration
灵感来源

来自母亲的影响	050
来自家族的影响	054
细节中的灵感	056
裸露的皮肤	060
寻找志同道合的灵魂	064
紧密的时尚联盟	066
恐怖的力量	070
捕获时代精神	074
在艺术作品中找寻美	076
神秘的猛禽	081
浪漫原始主义的离经叛道	082
直面死亡的力量	086

Contents

The Details
标志细节

标志性头骨	092
脆弱的力量	096
柔软的触感	100
野性之美	104
第二层皮肤	108
玫瑰与荆棘	110
体积与层次	114
红色预警	118
装饰艺术	122
经典女性曲线	126
哥特复兴	130
苏格兰属性	136

术语汇编	140
图片出处说明	142

The
Looks
经典作品

在梦魇中发现的美

当其他设计师还在寻求和谐与装饰之美的时候,麦昆用冲突与黑暗来体现时尚的主旨。他作品的独特之处在于,他能使人感到畏惧,同时和另一些人产生共鸣。正如他那句名言:"每一层皮肤下都有血液流淌。"

1992年,麦昆的毕业大秀于中央圣马丁(Central Saint Martins)艺术与设计学院举办,这场名为"开膛手杰克跟踪他的受害者"(Jack the Ripper Stalks his Victims)的大秀取得了开创性成功。在这个系列中,他将人的发丝缝在了衣服的拼接缝中。而后,他以极具挑战性的题材进军更广阔的文化领域。

"高原强暴"(Highland Rape)是麦昆的1995—1996年秋冬系列。此系列的灵感来源于麦昆从小作为家庭暴力目击者的经历,以及殖民统治对苏格兰血统的欺凌所带来的历史创伤。秀场上模特们穿着衣不蔽体的服装,步履蹒跚的状态仿佛是受到了凌虐。这个系列中,他在对苏格兰侨民的沉思中唤醒了关于个人侵犯和创伤的意象,并激发了他的民族意识。之后的作品中,他对边界不断探索,并在当前热点及时事启发下发表公开的(有时是有问题的)政治评论。

麦昆沉迷于揭露他自己——以及整个文化集体的——噩梦。在麦昆2001—2002年秋冬"旋转木马"(What a Merry-Go-Round)系列中,"半女妖半武神"造型的模特身着紫色蕾丝裙,头戴由骷髅头和匕首装饰的羽毛头盔,创造出了一个令人难忘的形象。这件

→ 艾琳·欧康纳被包裹在成千上万个竹蛏壳里,这件作品是一件一次性表演作品。正如麦昆所言:"它们在海滩上已经失去了用处。"后来这些竹蛏壳在他的秀场上成为在痛苦中消逝的美和死亡的象征。

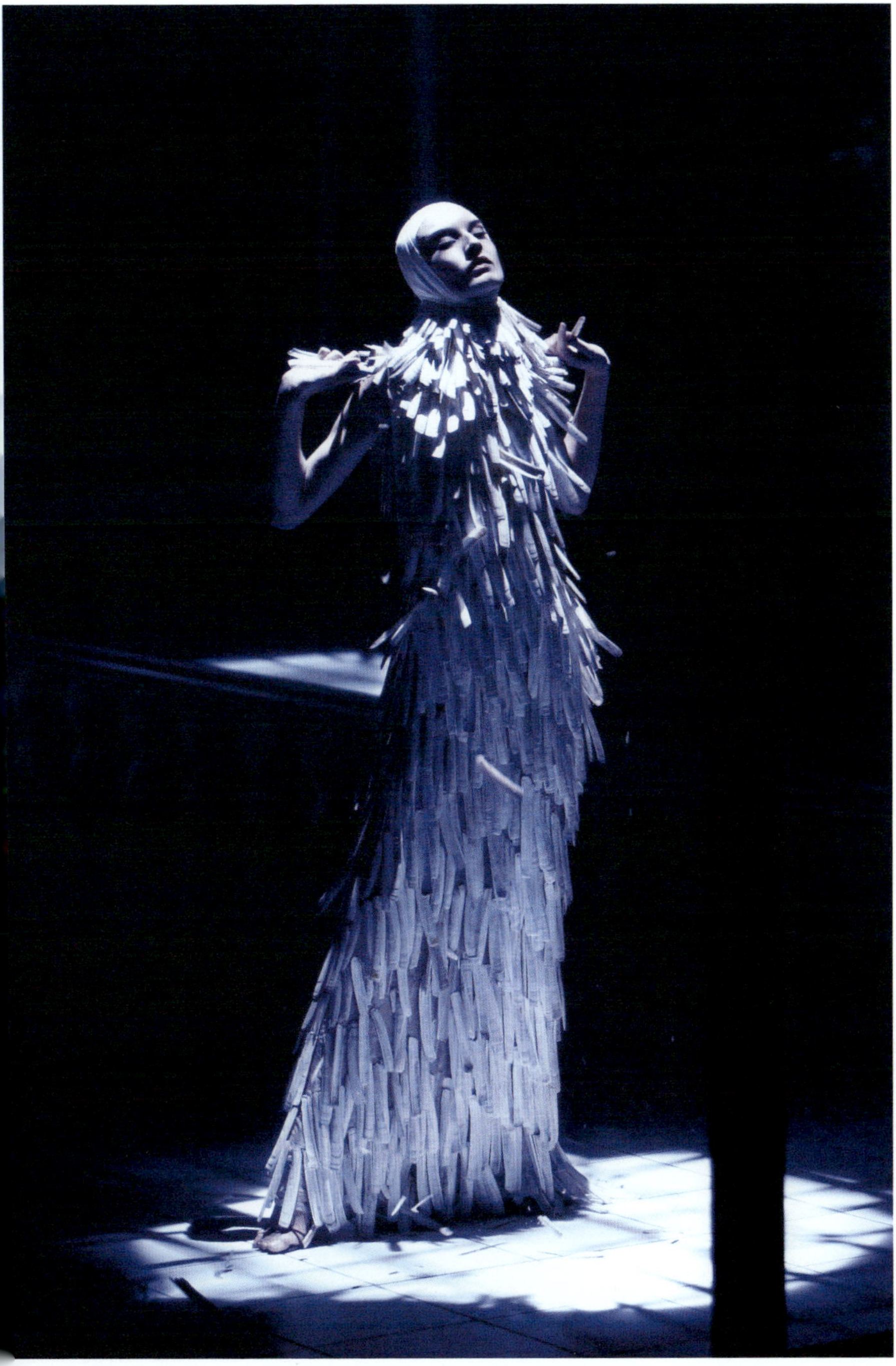

"我在怪诞中发现美。"

麦昆

充满野性的美丽服饰,在紫色鸵鸟毛和串珠蕾丝的衬托下,同时呈现出了致命的吸引力与恐怖的氛围。他的灵感源泉是1922年的无声电影《诺斯费拉图》(Nosferatu),讲述的是一个吸血鬼捕食儿童的故事。这场秀中包含了闹鬼的小丑、巨型玩具、口技表演者的假人,以及一个像球和链条一样系在模特关节上的金色骨架。电影《飞天万能车》(Chitty Chitty Bang Bang)的主题曲是该场服装秀的唯一配乐。2001年春夏"沃斯"(Voss)系列,麦昆将秀场搬到了疗养院中。模特们身着由成千上万个贝壳缝制而成的华丽裙子,佩戴大溪地珍珠装饰的荆棘状银饰,将身体紧紧地贴在秀场中间的大型玻璃牢笼装置上并发出无声的尖叫。超模艾琳·欧康纳(Erin O'Connor)头上缠绕着白色的绷带,身穿一件由红色显微镜玻璃片制成的胸衣,不对称的裙摆则由红黑相间的鸵鸟毛制作而成。这些高级定制服装极致美丽,同时也引起了人们的不安,表述了内心深处的紧张情感。作为艺术作品,麦昆的服装唤醒了人们对于衰败、纷乱和超然的意识。正如他的名言所说:"我在怪诞中发现美。"

成为炼金术士

麦昆将平凡的材料变为艺术品,并在以奢华为基础的时尚界,用自己的工薪阶层出身作为武器。在他的早期作品中,他骄傲地谈及自己缺乏资金并乐于营造落魄形象。例如,在他的1995—1996年秋冬"高原强暴"系列中,一条被剪掉裤腿的短裤上镶嵌着烟头作为装饰。他的进取心成为材料和概念灵感的源泉。学生时代的麦昆负担不起高档面料,他就将蕾丝缝上拉链,用垃圾袋制作紧身连衣裙。在2009年,麦昆重新使用了垃圾袋作为媒介,让模特们戴着垃圾袋做成的帽子走秀,以表达对全球经济衰退的见解。这也让人回想起麦昆五花八门的DIY创意,他自身低调的风格显露出他资源的匮乏,同时也体现出他专注于用有限的资金来完成他的作品。

1993年,艺术总监西蒙·科斯廷（Simon Costin）拍摄了一张麦昆用黑色胶带遮住脸的肖像照,据说是因为麦昆在展示他的第一个系列时还在领取失业救济金。在纪录片《麦昆》中,这位设计师承认"我用救济金购买了所有面料,并到父母那里去吃烤豆子,喝罐头汤"。由于害怕被发现,麦昆没有出席他的首次美国版《Vogue》杂志拍摄,并且继续寻找巧妙的捷径来为他的创意构想提供资金。在意识到金钱对于职业生涯的重要性后,为了避免预算超支,麦昆发布了限量版的设计。他吸取了同行的经验教训并且创造了独特的作品,用自己的收入创建了自己的高级定制品牌。最终,他的商业头脑与艺术天赋的相辅相成使他获得了成功。

→ 麦昆与他的创意灵魂伴侣之一利·鲍厄里（Leigh Bowery）一样,不认同人们对生活与生平中那些敏感方面的内在羞耻感,从而将脆弱转化为力量。

015

颠覆性别

对于麦昆来说，性别是有待颠覆的众多界限和文化习俗之一。他为女性开创了一种独特的、细致入微的赋权视角。20世纪90年代云集了扩展性别规范边界的设计师和艺术家，他们开启文化对话并接受和欣赏更广的性别流动性。尽管许多先锋的前辈和同代人，如赫尔穆特·朗（Helmut Lang）与里克·欧文斯（Rick Owens）都选择了使用中性审美来超越性别，麦昆则通过结合典型的男性与女性特质来颂扬女性力量，同时倡导泛性情感。

麦昆在1994年春夏"虚无主义"（Nihilism）秀场上展示了超低腰露臀裤（Bumster），这使他触动了那个时代对雌雄同体的偏好。他在男女模特身上展示这种不寻常的裤子，因为他认为低腰线的剪裁突出了敏感部位的普遍性。通过拉长躯干，他创造了一种无性别的性感。用他自己的话说，无论男人还是女人，脊椎的底部都是他们身体中最性感的部分。

除了超低腰露臀裤，麦昆很少把注意力放在模糊性别的边界上，相反，他使性别原型针锋相对。例如，1995年，他与偶像珍珠先生（Mr Pearl）合作了"群鸟"（The Birds）系列。这个系列使用了代表男性勇气象征的水手和光头强形象，来致敬希区柯克（Hitchcock）在电影《群鸟》（The Birds）中不羁的主人公。除了传统的女性模特外，世界上最著名的高级定制紧身胸衣制作者珍珠先生，身着蜂腰剪裁的夹克和铅笔裙，裙子上印有该系列希区柯克风格的标志性印花。修长的领带、白衬衫和

→ 麦昆的超低腰露臀裤作为那个时代最具标志性和打破传统的服装之一，改变了时尚与比例、性别、阶级和品位的关系。

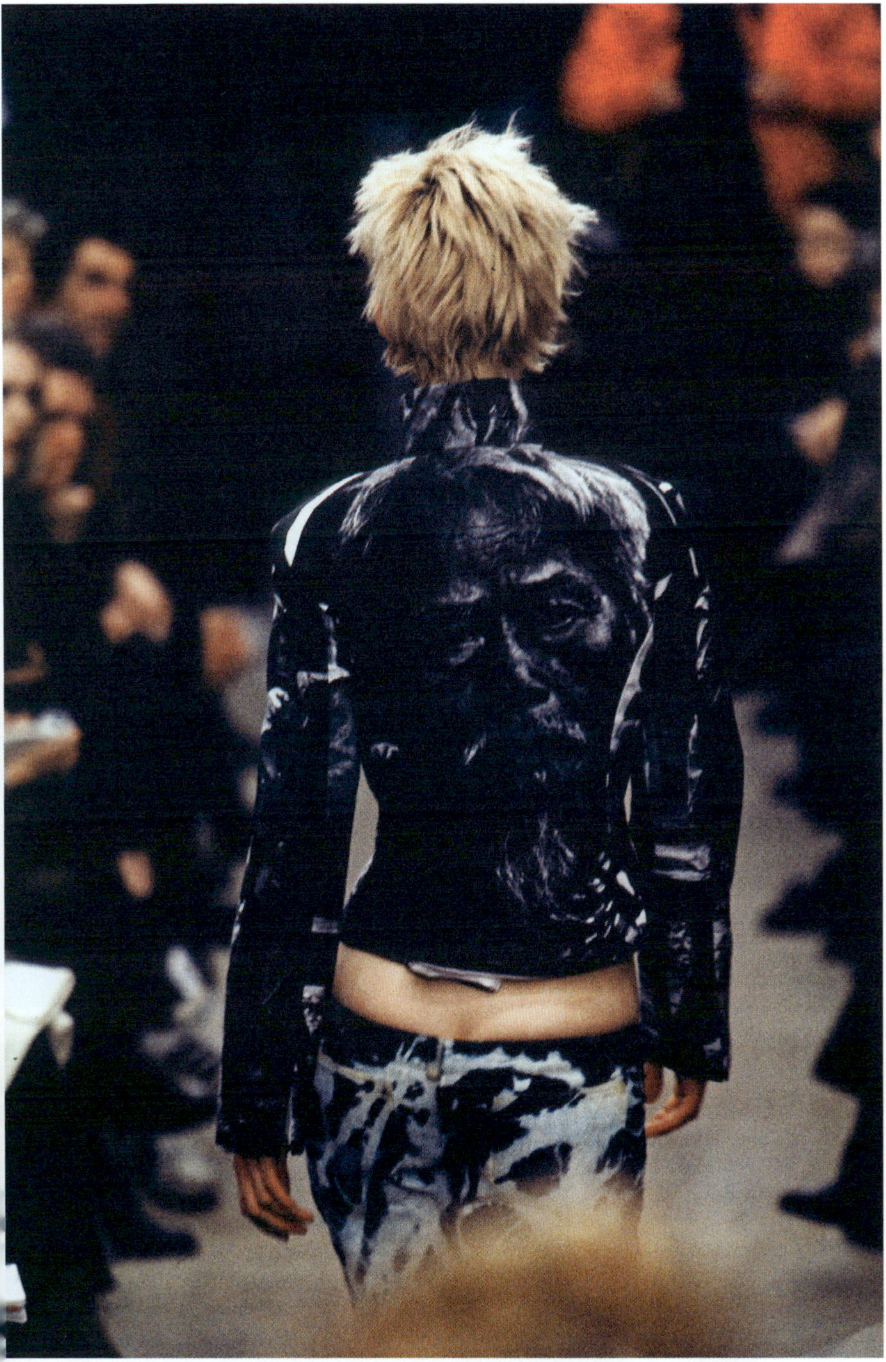

"我的作品一直都是自传性的，很多都与我自身的性取向和自我认知有关。"

麦昆

素颜的脸巧妙地与珍珠先生18英寸（约46厘米）的腰围和惊人的裙子形成了鲜明的对比，创造了一种引人注目的男性化与女性化之间的互动。

正如麦昆所言，"我的作品一直都是自传性的，很多都与我自身的性取向和自我认知有关。"围绕麦昆的世界正变得越来越进步和多元化，但对于性身份和性别的二元思维认知依然普遍。

在麦昆的作品中，他显然把他自己和他的女性穿着者联系在一起；他让女人们穿着代表他身心经历的服装走上T台，她们是他故事中的主人公，而许多他的男性同行设计的女性服装是与其自身无关的。无论麦昆是否质疑自己内心的性别，或是完全接受自己的同性恋身份，他都通过女装讲述自己的故事，并用故事和创意打破性别的界限。

历史与当代艺术的融合

对于麦昆而言，时尚是一种复杂的道德媒介。他的言论是经过深思熟虑的，然而很多与他同时代的人并没有认真审视他们广泛的社会影响而对其进行引用。麦昆通过自己的时装秀和高定作品，提出了强烈的社会批判。他拥护虚无主义美学，并将之作为反抗传统约束的有力姿态。通过将历史和当代世界融入他的系列，麦昆将服装变成了高级艺术。

由肖恩·利尼（Shaun Leane）为麦昆1996—1997年秋冬"但丁"（Dante）系列设计的纯银荆棘王冠，体现了麦昆对当代热点与历史参考的巧妙融合。这个精致的配饰是对但丁·阿利吉耶里（Dante Alighieri）的《神曲》（The Divine Comedy）的致敬，同时也是一种唤起牺牲与痛苦的抗议象征。当《Time Out》杂志记者在采访时问及该系列的宗教意象时，麦昆说："宗教是战争的根源，也是这场秀的主题。时尚与生活毫不相关，但你不能忘记这个世界的样子。"但丁系列结合了奇思妙想，汇集了越南战争、艺术家乔–彼得·威金（Joel-Peter Witkin）的摄影作品，以及但丁·阿利吉耶里的14世纪寓言诗中耶稣受难的画面。这些不同的引用被编织成对受难者不屈不挠的精神的叙述。

作为一名愿意采取强硬立场的艺术家，麦昆的职业生涯充斥着问题重重的政治声明。在他备受批判的1999—2000年春夏"眼"（Eye）系列中，麦昆将宗教中受到争议的传统习俗并置，作为在内罗毕（Nairobi）和达累斯萨拉姆

→ 苏格兰模特、当代艺术品经销商霍诺尔·弗雷泽（Honor Fraser）头戴肖恩·利尼的纯银荆棘王冠形象，让人想起了文艺复兴时期的宗教绘画。

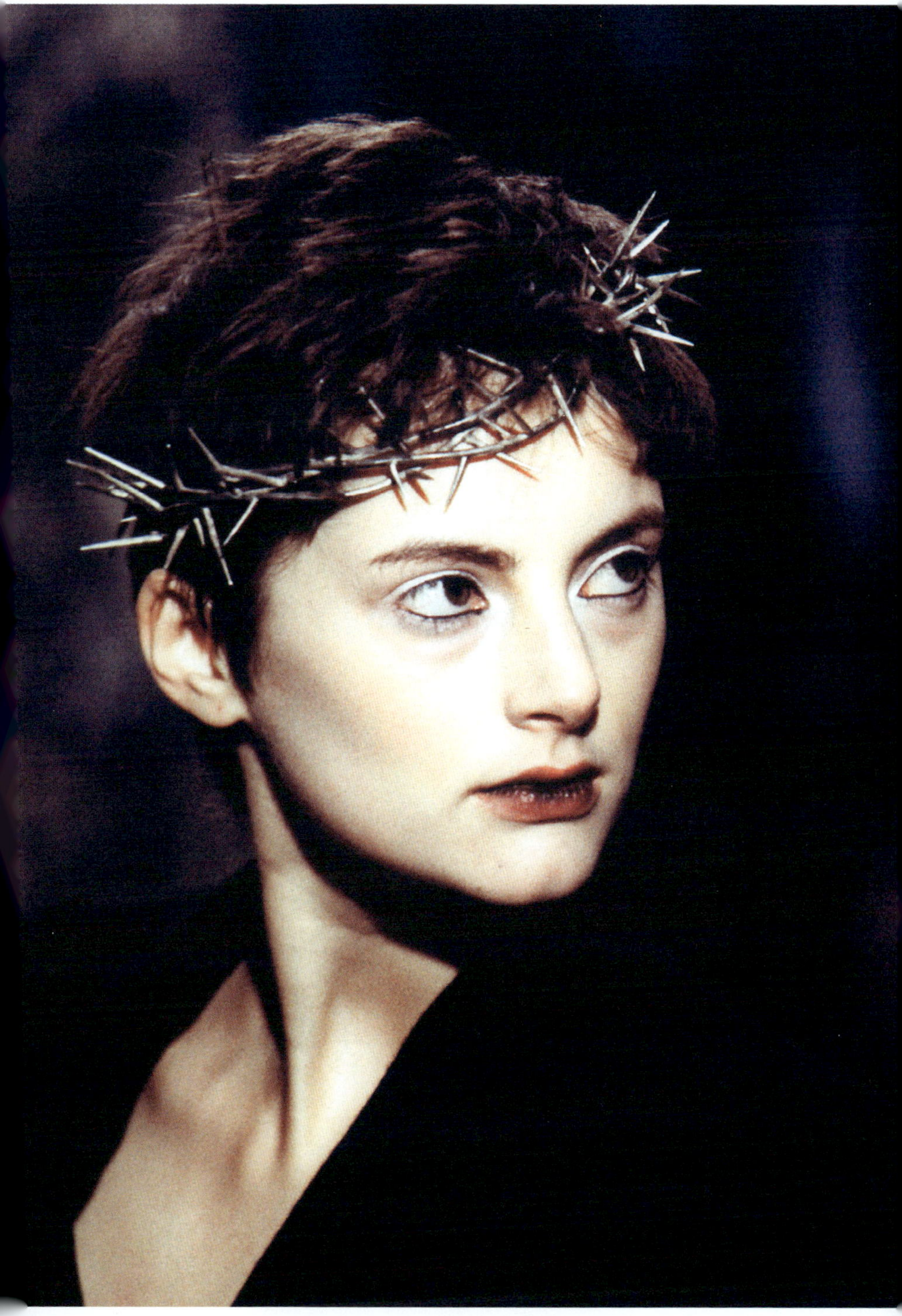

"时尚与生活毫不相关,
但你不能忘记这个世界的样子。"

麦昆

→ 麦昆在他的 2000 年纽约春季系列谢幕时脱下了裤子，露出了带有美国国旗的四角短裤，这一行为评论了地缘政治的紧张局势。

（Dar es Salaam）的美国大使馆遭到基地组织轰炸后，对美国的外交政策的批评。秀场中，一个戴着面纱的模特暴露出她的腿和短裤，此举背负着文化挪用和亵渎的风险。这使麦昆的发声比起土耳其设计师侯赛因·卡拉扬（Hussein Chalayan）的问题更甚，后者在其1997年的"罩袍"（Burka）系列中，使用大量裸体模特，因此从内部人士的角度来看，麦昆批判性地参与了卡拉扬文化。麦昆表示，他举办这场秀的意图是试图批判恐惧和被剥夺的跨文化女性权利。在纽约100英尺（约30米）的T台上，他让模特在象征着石油的墨黑色水中走过；压轴出场的模特们身穿黑色罩袍与红白条纹的罩袍，悬浮在有金属尖锐装置的舞台上方进行表演。无论好坏，"眼"系列代表了麦昆在此事件上的坚定信念。大都会艺术博物馆的馆长安德鲁·博尔顿（Andrew Bolton）说："麦昆的作品经常引导我们关注文化焦虑和不确定性。"

设计精神

麦昆改变游戏规则的背后，是他对时尚历史、工艺和富有表现力的潜能的无比尊重。他以时尚作为手段，一边抨击社会建构，一边颂扬媒体规则。他的裁剪和缝纫技术登峰造极，以至于他的叛逆设计不可辩驳。

1997年春夏"玩偶"（La Poupée）系列中，麦昆给黛布拉·肖（Debra Shaw）穿上一件透明的流苏网裙，并把她的手肘和膝盖铐在一个金属笼子里。这件强大的作品重述了麦昆发掘自由与约束的极端对比，也是他设计精神的例证。他总是在精益求精和异想天开中徘徊。

麦昆的设计精神与20世纪90年代和21世纪早期的另一典型创新群体相互影响。在时尚界，麦昆崛起于解构主义时代，这种风格由德赖斯·范诺顿（Dries Van Noten）和安·迪穆拉米斯特等前卫设计师创造，他们常被称为"安特卫普六君子"。这群艺术家拆解服装的接缝，露出里衬，将时尚带入其根本。他们的作品与20世纪80年代精致且充满装饰的奢华时尚背道而驰。这些解构主义者们努力揭示事物产生的方式，并将其还原到本质上来，正如他们在艺术、文学、诗歌和设计领域的同行一样，认为美的诠释在于过程。麦昆也致力于揭露时尚的核心，但他拒绝解构主义的简朴美学。麦昆遵循叛逆的设计精神，运用娴熟精湛的工艺技术，明目张胆地展示时尚的虚夸和偏见。

→ 模特黛布拉·肖在金属笼子里的现实主义运动，复刻了汉斯·贝尔默（Hans Bellmer）令人难以释怀的艺术作品。

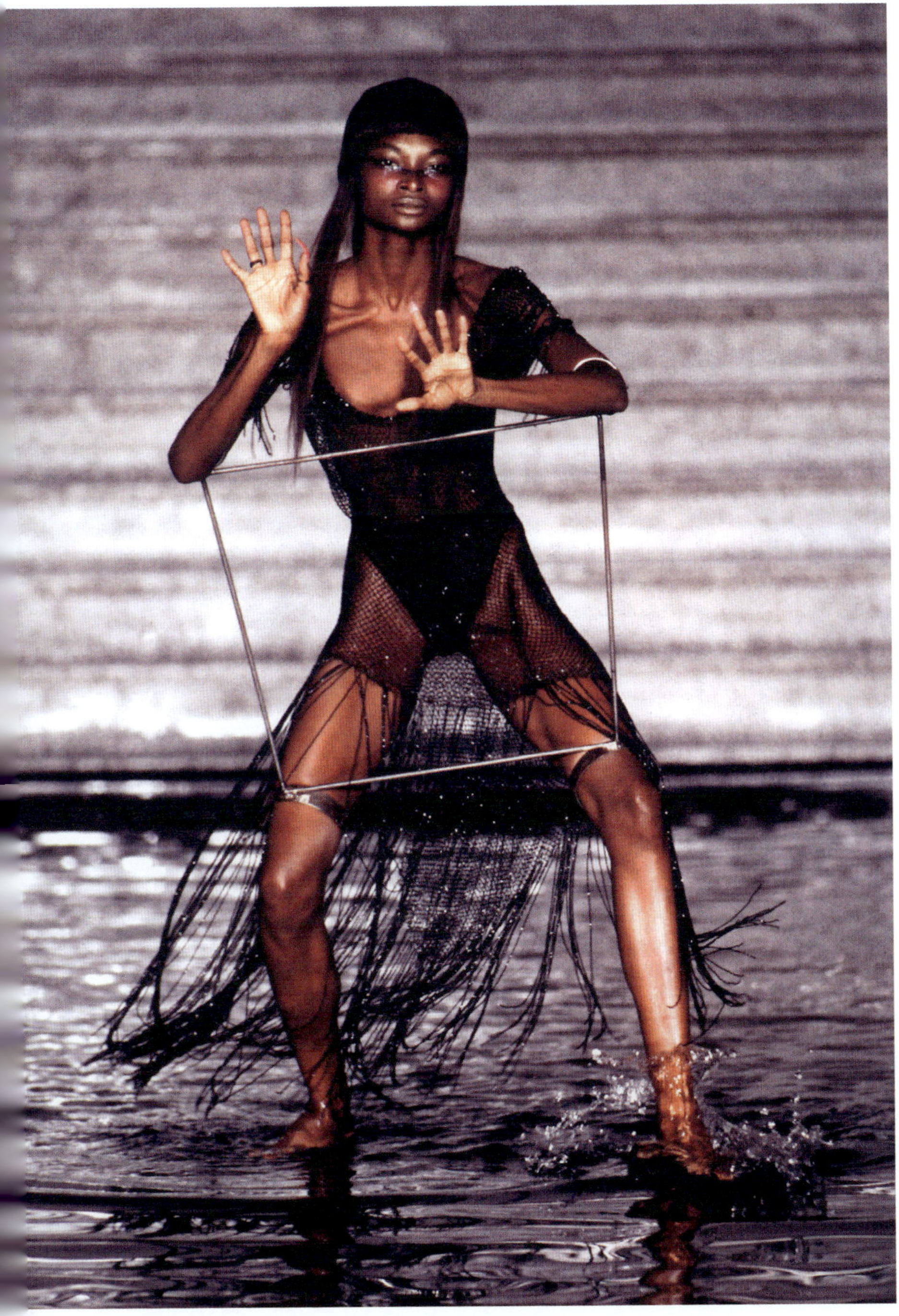

暗黑美学

当麦昆被问及他的标志性美学中无处不在的性暗喻时,他说:"服装必须是有张力的。脆而不坚的浪漫背后有着隐秘的内涵。"麦昆将自身的性创伤转化为创意的战利品,对他而言,性和浪漫总是与暗黑的心理力量交织在一起。这个哲学观点与法国理论家乔治·巴塔耶(Georges Bataille)相同。

麦昆的作品中总是掺杂着诱惑与死亡的意象,既撩人,又令人生畏。在他的2001—2002年秋冬"旋转木马"系列中,有一位模特身着紧身丝绸礼服和高跟鞋,化着黑白色小丑妆容,在她的脚踝上挂着一个真人大小的银色骨架。另一位模特穿着紫色蕾丝薄裙,头戴骷髅装饰的头盔。在这场秀中,性和死亡相辅相成。

麦昆在1997年春夏"玩偶"系列中向艺术领域最令人不安的人物之一汉斯·贝尔默致敬。这位德国艺术家制作了真人大小的青春期裸体女性人偶,并将这些人偶拆卸组装成各种姿势,用于他阴郁的摄影和装置艺术作品。在这个系列中,麦昆设计了一系列硬朗的肉色服装,并让模特以僵硬的姿态在伦敦皇家园艺大厅(London's Royal Horticultural Hall)的秀场中行走。其中,凯特·摩丝(Kate Moss)戴着黑色假发,脸上涂抹了厚厚的银色颜料,身着粉色提花长裤和白色透明上衣,上衣的胸下方装有可水平拉开的拉链。霍诺尔·弗雷泽穿着一件长翻领的合体西装和低腰裤;脖子上挂着一个向一边突出的金属钩,看起来就像一把时髦版的死神镰刀正在砍向她的头。裘蒂·洁德(Jodie Kidd)的整个脸部都被金属尖

→ 随意搭在模特肩膀上的金色动物骨架,诉说了麦昆对于暗黑能量和死亡无处不在的悠然自得的态度。

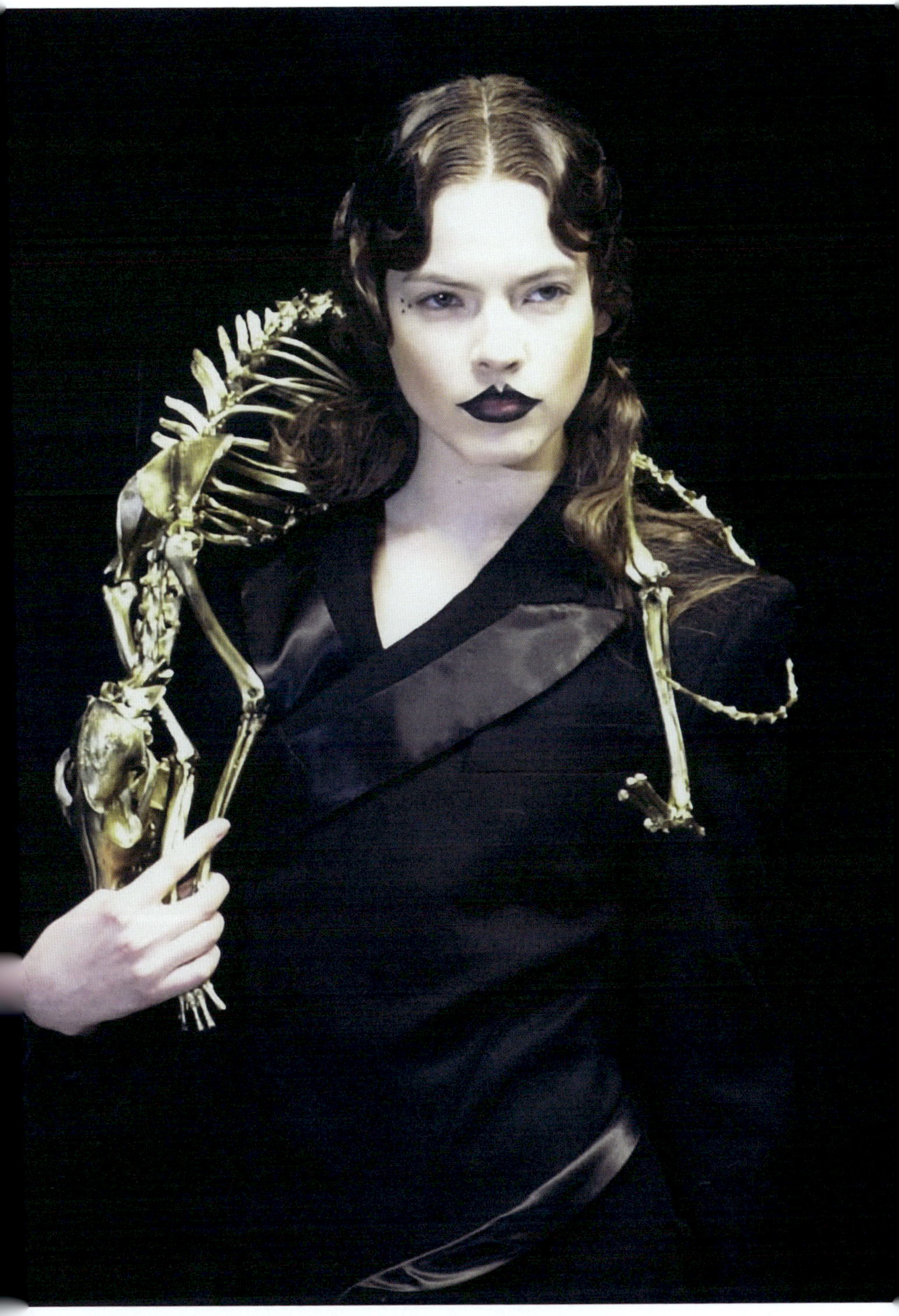

"动物使我着迷,
因为你可以找到一种力量、
一种能量、一种恐惧,
它们也存在于性中。
没有比大自然更好的设计师了。"

麦昆

← 粉色的织物像柔软的肉体一样，垂坠出性感的褶皱，从远处看上去精致且优美，但在潜意识层面上又具有复古的煽情特质。

刺装置包裹着，她的淡紫色西装一直敞开到肚脐的位置。这些精致的面料与强硬的金属装置形成了鲜明的对比，将人们的注意力吸引到模特的皮肤上。他们显然乐于将暴露的弱点武装成力量。麦昆解释说："无论是阴暗还是扭曲，必须存在邪恶的一面。我认为每个人都潜藏着性的欲望，在创作中——我有时使用一点，有时使用得非常多——就像化装舞会那样。"

沙漏廓形的属性设计

麦昆成名时，直线条设计风格主宰了20世纪90年代的T台和社论。当时的女性审美追求雌雄同体的中性风，强调削弱性别差异并弱化女性特质。麦昆是第一批反主流的设计师之一，他复兴了20世纪40年代艺术史和时尚界的沙漏廓形，并使其成为他的标志性廓形。

无论服装的其他部分如波浪一般飘逸，还是贴合身体，麦昆始终强调典型的女性腰部线条。例如，在麦昆2007年春夏"萨拉班德舞曲"（Sarabande）系列中，他的朋友兼缪斯女神达芙妮·吉尼斯（Daphne Guinness）演绎了一件淡紫色薄纱晚礼服。这件礼服受到梅·韦斯特（Mae West）的启发，在臀部和胸部使用了夸张的手法，并用施华洛世奇水晶元素勾勒轮廓，将注意力全部吸引到模特的腰部。虽然在历史上，理想的沙漏形身材审美一直是用来压迫不同体型女性的武器，麦昆则用它来赞美女性力量的强大。

麦昆的一件2007年的紧身胸衣作品，是他将曲线与力量结合在一起的显著案例。这件造型独特的紧身胸衣通体雪白并印有鸟的图案，模特的身体仿佛从中生长出来。胸衣本身看起来像一张湿透的床单贴合在她的皮肤上，通过面料塑形出胸部的轮廓和完美的六块腹肌造型——优雅的印花，硬朗的廓形，与模特纤细的身形形成鲜明对比。

反璞归真

　　动物的皮毛、骨骼和印花在麦昆的作品中随处可见。在麦昆看来，这个世界是充满挑战、残酷、兽性的，同时也是美丽的。在自然界中，美与野蛮在不断的争斗与和谐中共存。麦昆则通过对印花和材质的应用与剪裁，同样在美感与野性之间取得了平衡。在他的2009—2010年秋冬"丰饶角"（The Horn of Plenty）系列中，有一件交错绑带的紧身皮革上衣，袖子使用了光滑的黑色狐狸毛材质，修长的身型与长绒毛材质的结合形成了鲜明对比。在这件作品中，他对动物皮和皮毛材质的使用显而易见地暗示了死亡。在他的1998年春夏"无题"（Untitled）系列中，一件蟒蛇皮连衣裙将模特塑造成了一个掠食性动物，同时揭示了人类对自然的统治。

　　在他2009年的春夏"自然差异·非自然选择"（Natural Dis-Tinction Un-Natural）时装秀中，麦昆运用以自然为灵感的印花图案，诉说着他对破坏自然环境的抗议。这场时装秀在一个旧时的巴黎停尸房举行，T台上摆满了古董大象、长颈鹿、老虎等标本，反映了从工业革命到现在人类破坏自然的近现代历史。秀场上的织物捕捉到了大自然浓烈而艳丽的色彩和图案。其中一件由轻薄面料制作而成的迷你裙，层层的面料之间夹杂着丝绸花朵。另一件让人联想到维多利亚时期的雕花迷你裙，装饰的施华洛世奇水晶就像一群活甲壳虫包裹着模特的身体。麦昆本人穿着反乌托邦的兔子装谢幕——滑稽且令人毛骨悚然，整场时装秀就像是上演了一部恐怖电影。

→ 菲利普·崔西为麦昆2009—2010年秋冬"丰饶角"系列设计的柳条和铁丝编织的帽子，似乎像一只动物张开的嘴巴，发出无声的吼叫。

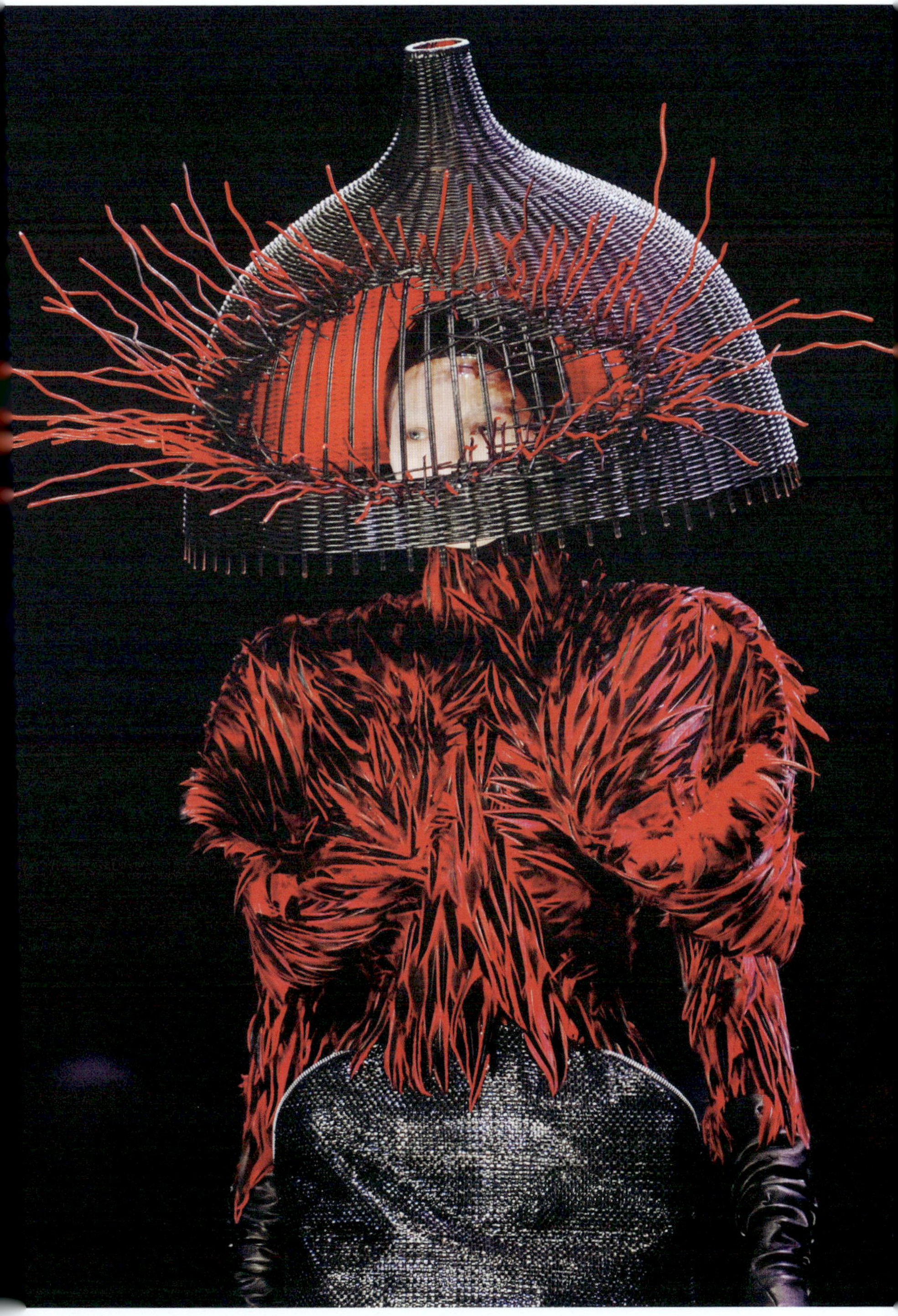

飘逸褶皱

麦昆将自己在萨维尔街学到的技术与在伦敦夜店里培养的审美相结合，并将它们运用到制作适合红毯和博物馆的华丽礼服上。麦昆令人熟知的形象是骷髅头围巾搭配紧身牛仔裤和夹克。但其实在他的作品中也不乏飘逸、华丽的晚装。他将奢华的面料创造出迷人又充满生命力的流动造型，与他的病态主题形成了愉悦的对比。麦昆的风格以强烈并具有冲击感而著称，同时他也是浪漫柔和的大师，他使用夸张的裙子，如戏剧般有力地展示了他的个性和对极端的热爱。

2003年，麦昆的好友达芙妮·吉尼斯拍摄了身穿象牙白色真丝连衣裙的大片。这件层层叠叠的杰作因为其结构像牡蛎壳纹理且颜色为珍珠白色而被称为"牡蛎裙"，裙身是由鱼骨结构的紧身胸衣与层叠的一直延伸到裙摆的褶皱组成。在同一个系列中也有另一件相似的款式，运用了多层雪纺面料打造彩虹色层次，并在上身和下摆采用了纯红色。在2006—2007年秋冬"卡洛登的寡妇"（Widows of Culloden）系列中，麦昆用一层层的雏鸡羽毛制作了一件上身合体，裙子逐渐展开的连衣裙。当模特在移动时，这件连衣裙似乎自己会呼吸一样。

2010年秋冬"天使与魔鬼"（Angels and Demons）系列是麦昆过世前设计的最后一个系列。在这个系列中，一件由被染成金色的羽毛制成的长外套，底摆露出精致金线刺绣的白色丝绸衬裙，诠释了麦昆能够平衡自由与矛盾的独

→ 麦昆这条色彩鲜艳的"牡蛎裙"由数百层的彩虹色雪纺组成，如电光般行云流水。

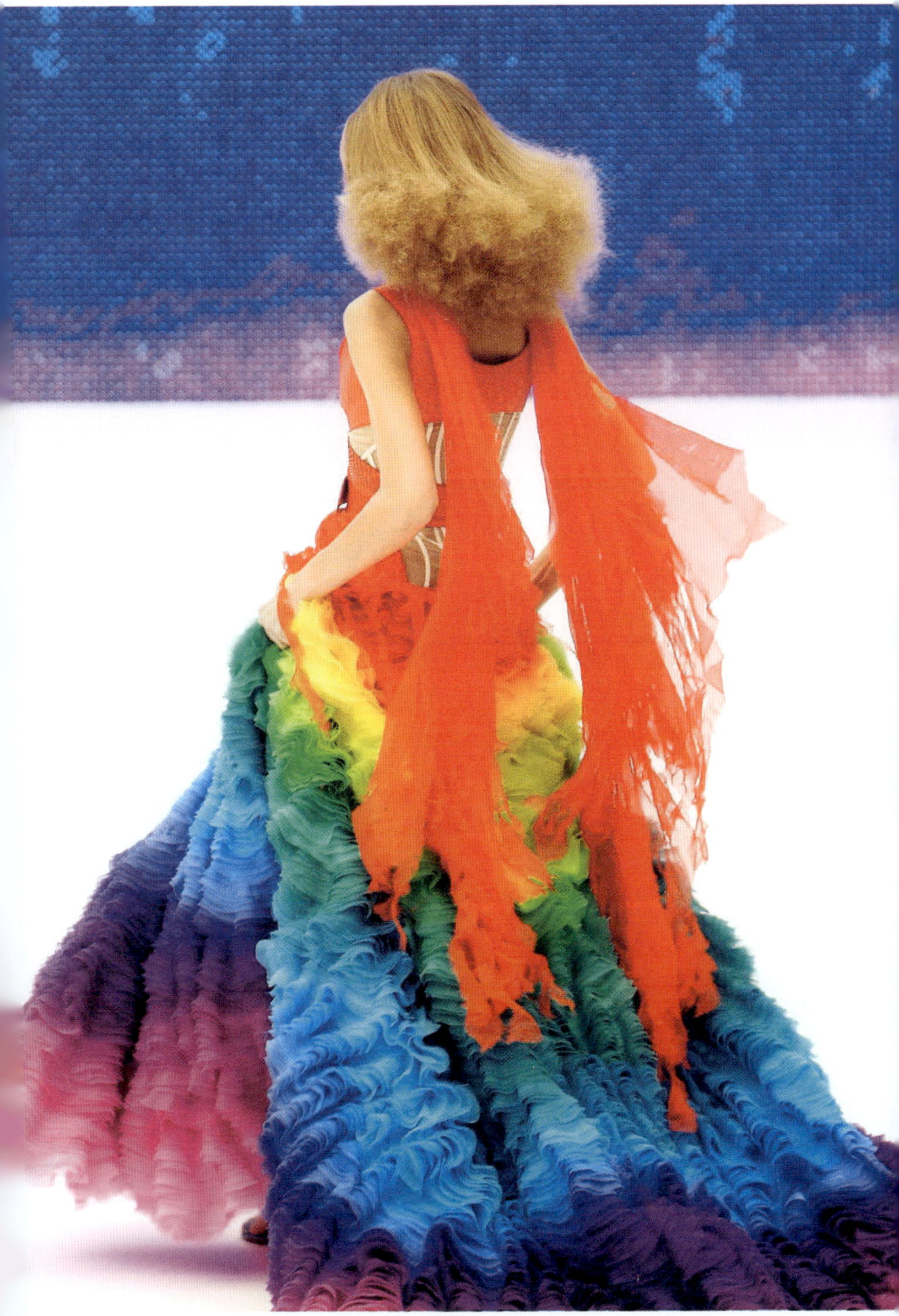

↑ 在 2006 年的成衣系列麦昆运用的荷叶边元素传统面料生命力，《杂志称赞为"古老的现实"。

← 这件麦昆的遗作，错视画风格纹理与合，展示出他对水的与诗意毕生的热爱。

> "我在生与死、
> 幸福与悲伤、
> 善与恶之间徘徊摇摆。"
>
> 麦昆

特能力。同系列中，一件浅灰色的丝绸提花连衣裙印着雨果·凡·德·古斯（Hugo van der Goes）1475年的《波蒂纳里祭坛画》（*The Portinari Altarpiece*）中的天使加百列（Gabriel）形象，似乎将整个房间用飘逸的面料所填满。来自麦昆2001年春夏"沃斯"系列中的一件连衣裙，灰蓝色的丝绸材质联结着模特肩膀上方的老鹰标本，裙身由鸵鸟羽毛制作而成，也阐释了这一观点。

麦昆曾说："我在生与死、幸福与悲伤、善与恶之间徘徊摇摆。"对于麦昆而言，这些高贵的礼服可以被视为解放和奇迹的象征。对于穿着者或旁观者来说，飘逸的面料可以使他们感到愉快，然而麦昆的每一件服装都包含了复杂的内涵。比如，他设计的"牡蛎裙"上无尽的褶边充分体现了纯粹的美，但这些褶皱似乎也从穿着者的身体上脱落下来，暗示着引力与超然之间的关系。即使在麦昆最欣喜若狂、轻松愉快的时期，他作品的美中也掺杂着一丝黑暗。

不朽之花

麦昆在2007年的春夏"萨拉班德舞曲"系列中，展示了一条由鲜花和丝绸花朵共同制作而成的连衣裙，他解释说："我使用鲜花是因为它们会腐烂、凋亡。"

对麦昆来说，承载他独特的悲情与病态特质的是英国纺织业历史上永恒的矫作主题。花卉蕾丝和刺绣起源于亚洲，并在15世纪的欧洲时尚中获得了重要意义，而后在威廉·莫里斯（William Morris）的推动下成了英国室内纺织品的主导。麦昆使用花卉面料，在概念上捕捉了花朵稍纵即逝的脆弱之美，并使穿着者收获了鲜花的永恒。

玫瑰是麦昆最喜欢的花，1997年，他推出了一件黑色皮裙，并在模特的骨盆位置使用激光切割技术切割出玫瑰图案。1999年，麦昆将毫无历史价值的面料与珍贵的手工艺进行了浪漫的结合。他在粗糙、普通的麻布上绣上玫瑰图案，使其变得华丽起来，展示了他将日常主题升华的独特天赋。

图中的这条裙子激发了麦昆对于鲜花的思考，裸色底衬和拱形的下摆，锦簇的鲜花与真丝制成的玫瑰、蓝色的绣球和紫罗兰遍布在裙子的全身、裙摆和领口。这些花朵似乎凌驾于模特之上，仅仅允许她露出胳膊与脚踝，创造出了诗意的幻影。花朵之间凋零与永恒的相互作用，被服装上那种不可控的野生力量所放大，使这条裙子具有超乎寻常的美丽与野性。

→ 这件2007年的作品是麦昆的标志性作品。覆盖着丝绸花朵与新鲜花朵的裸色连衣裙随着时间的流逝褪色、凋零，抒写了麦昆在生与死、自然与艺术之间的思考与态度。

039

黑暗的力量

麦昆最出名的是具有博物馆收藏价值的秀场作品,但他的配饰是21世纪早期时尚的代表,其中最具标志性的单品之一就是他的骷髅围巾。他通过这些无所不在的骷髅围巾,成功地普及了他对生命短暂的执着。在艾滋病、鸦片及冠状病毒流行的时代,人们对死亡、悲伤和失去的意识在文化想象中显得有些冷漠。麦昆的围巾在视觉上提醒人们认清现实的深刻,同时也是时髦前卫的象征,它赞扬一种颓废的摇滚女孩生活方式。尽管许多粉丝并不在意围巾本身的象征意义,但麦昆意识到了它们的力量。

这些令人梦寐以求的围巾由薄的近乎透明的丝绸制成,边缘是精致的流苏和条纹,骷髅图案或大小不一地组成围巾的花形,或排列在边缘处的边框中。这件单品在多次迭代中,材质和花形保持一致,有着如同艺术品一般的影响力。围巾有白色、粉色、黑色的骷髅图案,与黑色、红色、淡粉色或白色的背景色相搭配。麦昆的商标在围巾的一角,无论是披着或将围巾展开时都能明显地看到。

凯特·摩丝是麦昆骷髅围巾的最知名拥护者。在21世纪的前十年中,她一直戴着一条黑白色的骷髅围巾,或是随意地系在脖子上,或是当作腰带系在紧身牛仔裤上。近年来,她的妹妹洛蒂(Lottie)似乎继承了这条围巾,或者说拥有了它的孪生兄弟,她戴着它做了几次怀旧的街头造型。同时期的其他名人,比如在西耶娜·米勒(Sienna Miller)的身上,也经常能看到这条长长的、半透明的独特围巾,用来搭配打

→ 像凯特·摩丝在他的时装秀上所穿的这类骷髅印花,是麦昆对主流和高级时尚的主要贡献。

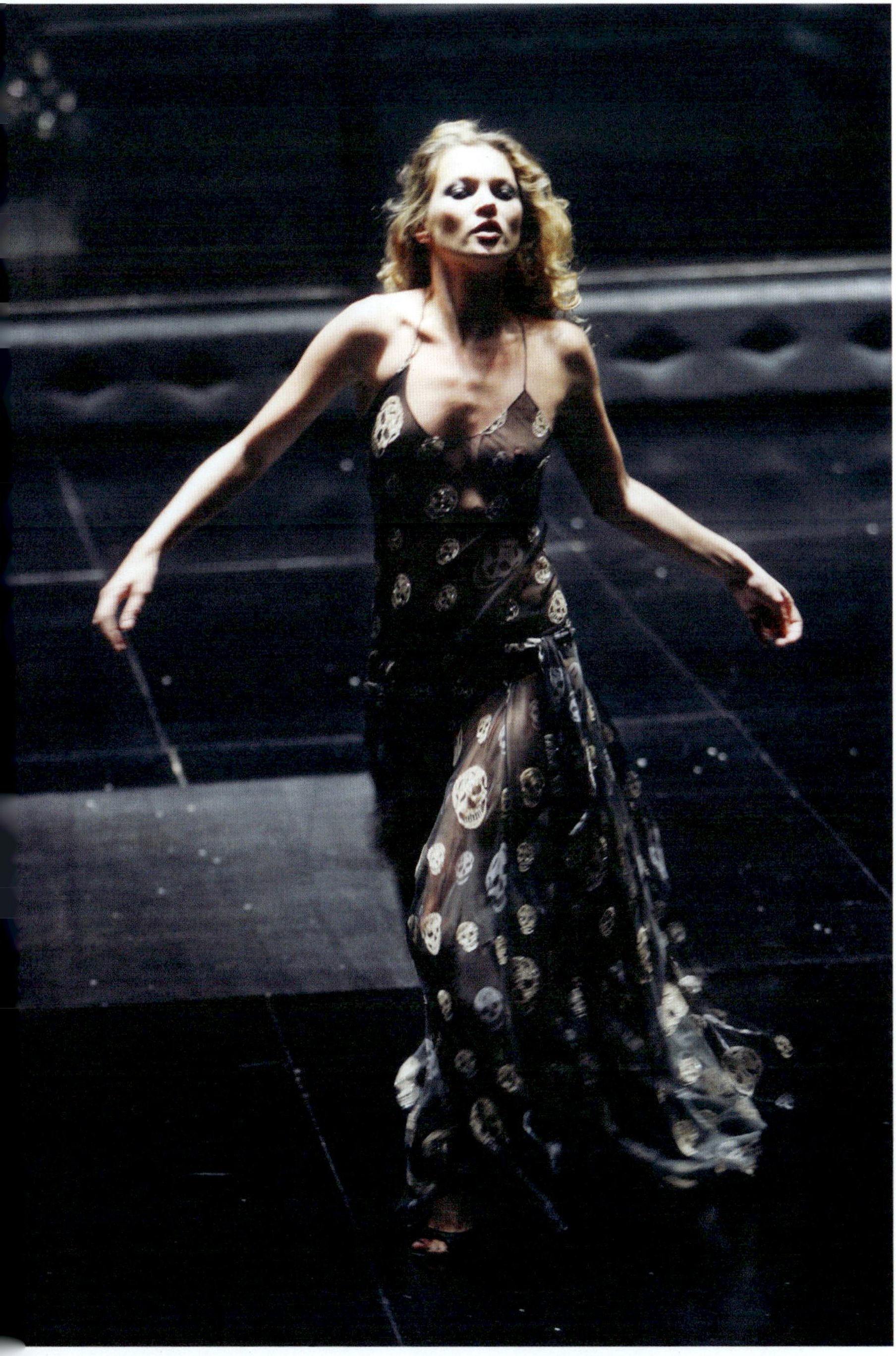

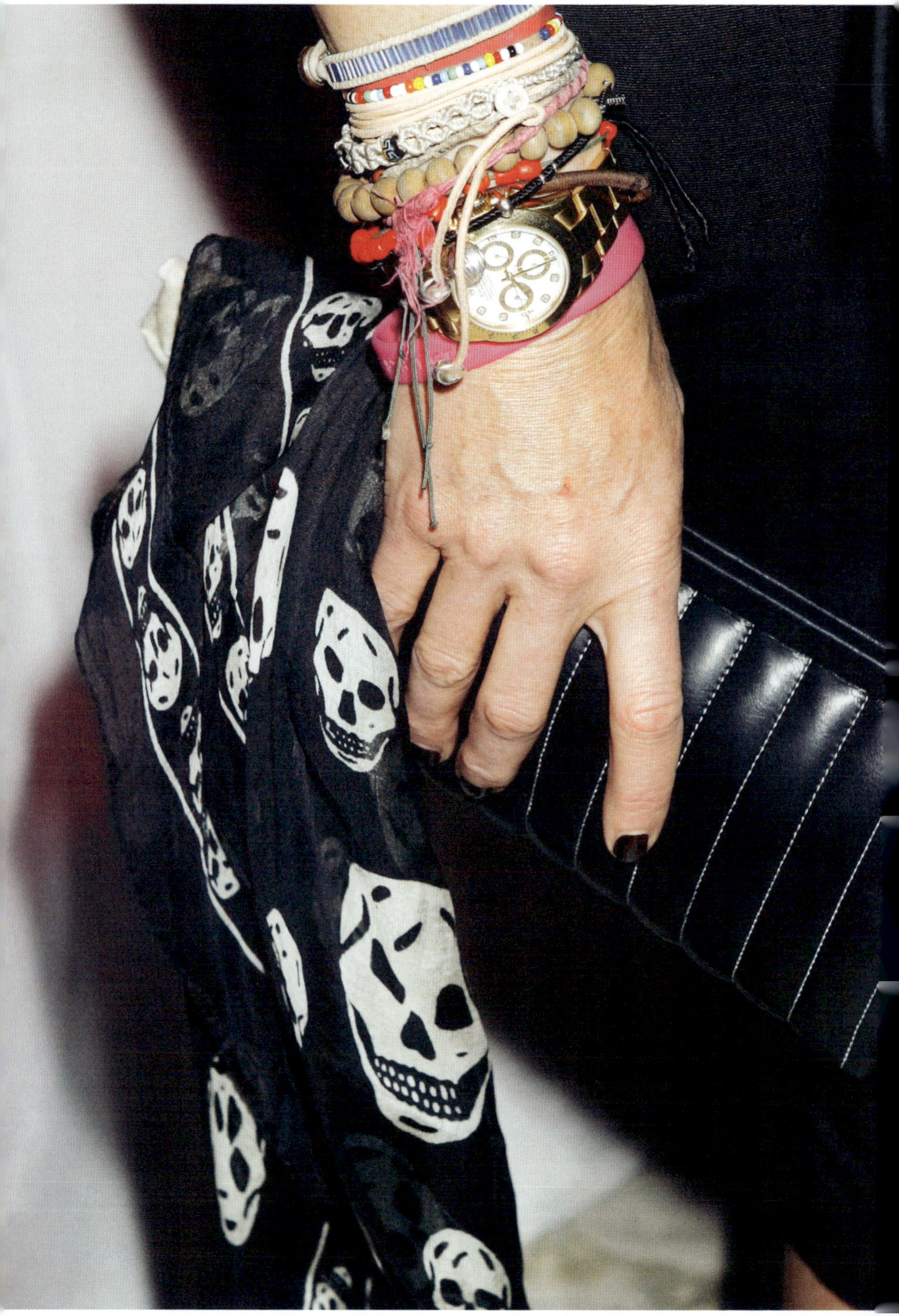

> "直面死亡是非常重要的，因为死亡本身就是生命的一部分。它是一件悲伤的事情，忧郁又浪漫，标志着一个循环的结束。"
>
> 麦昆

底裤、牛仔裤或迷你裙。通常，骷髅围巾都会被随意地围在脖子上，长长的末端垂在大腿位置。它也可以缠绕在手袋上或是系在女性的头发上。这种漫不经心的时尚，让琐碎的小报人物有了一丝深度，因为他们标榜着与存在主义现实的冷静联系，以及日常生活中无所不在的死亡。麦昆认为："直面死亡是非常重要的，因为死亡本身就是生命的一部分。它是一件悲伤的事情，忧郁又浪漫，标志着一个循环的结束。"

骷髅围巾在麦昆的2003年春夏系列中首次出现。据说是受到罗兰·约菲（Roland Joffé）1986年的电影《教会》（The Mission）中的沉船和海盗的启发，影片中讲述的西班牙传教士在18世纪到南美洲传教的故事，与围巾中图案的沉重主题和纤薄的材质相映成趣。这种轻薄的面料运用，陈述了麦昆对生命短暂本质和死亡永恒存在的认知。

← 丝绸骷髅围巾是21世纪头十年的典型象征，并一直延续至今——成为对上流社会爱马仕围巾的亚文化回应。

民族精神的觉醒

麦昆使用苏格兰格纹为主题，将他的个人历史贯穿在他的所有作品中。对于麦昆来说，苏格兰格纹具有明显且复杂的外观，也具有对抗英国建制派的意义。这种视觉与概念上都很强的面料，唤起了麦昆家族的苏格兰血统，这个国家令人担忧的政治历史，他早年的痛苦经历和出身在相互作用影响着他。

洛赫卡伦（Lochcarron）——著名的苏格兰格子织造商，为麦昆的系列复制了麦昆家族的红、黑、黄格子呢面料。在他的职业生涯中，麦昆曾多次使用不具有指代性的格纹图案，但他的家族格纹是一个标志，他对于家族格纹的使用可以说是一种他自身与作品的希区柯克式融合。正如设计师本人诉说的那样，"我喜欢带有一丝传统底蕴的时尚。"他1999—2000年秋冬"全景"（The Overlook）系列中的灰色、苔藓色格子宽松长裤，与他在2005—2006年秋冬"擒凶记"（The Man Who Knew Too Much）系列中的糖果色格子紧身连衣裙，是麦昆在客观叙事中创造的形象。当麦昆的系列中包含了他的家族格纹时，就如他本人出场一般。

在麦昆的作品中，他有多种理由使用苏格兰格纹呢，其中包括反对薇薇安·韦斯特伍德（Vivienne Westwood）对格纹呢的浪漫挪用。作为伦敦的时尚先驱，韦斯特伍德是一个具有战略意义的人物，但麦昆也有正面的理由对她不真诚地将格子作为英国标志性面料的文化挪用感到生气。在麦昆早期的职业生涯中，他努力使用苏格兰格纹呢，并让人们注意到它的历史。麦昆在他的第四场发布会上首次展示苏格兰格

→ 由蕾丝贴花的裸色丝绸上衣与麦昆家族的格子呢面料组成的不对称连衣裙，彰显了他的传统和历史意识。

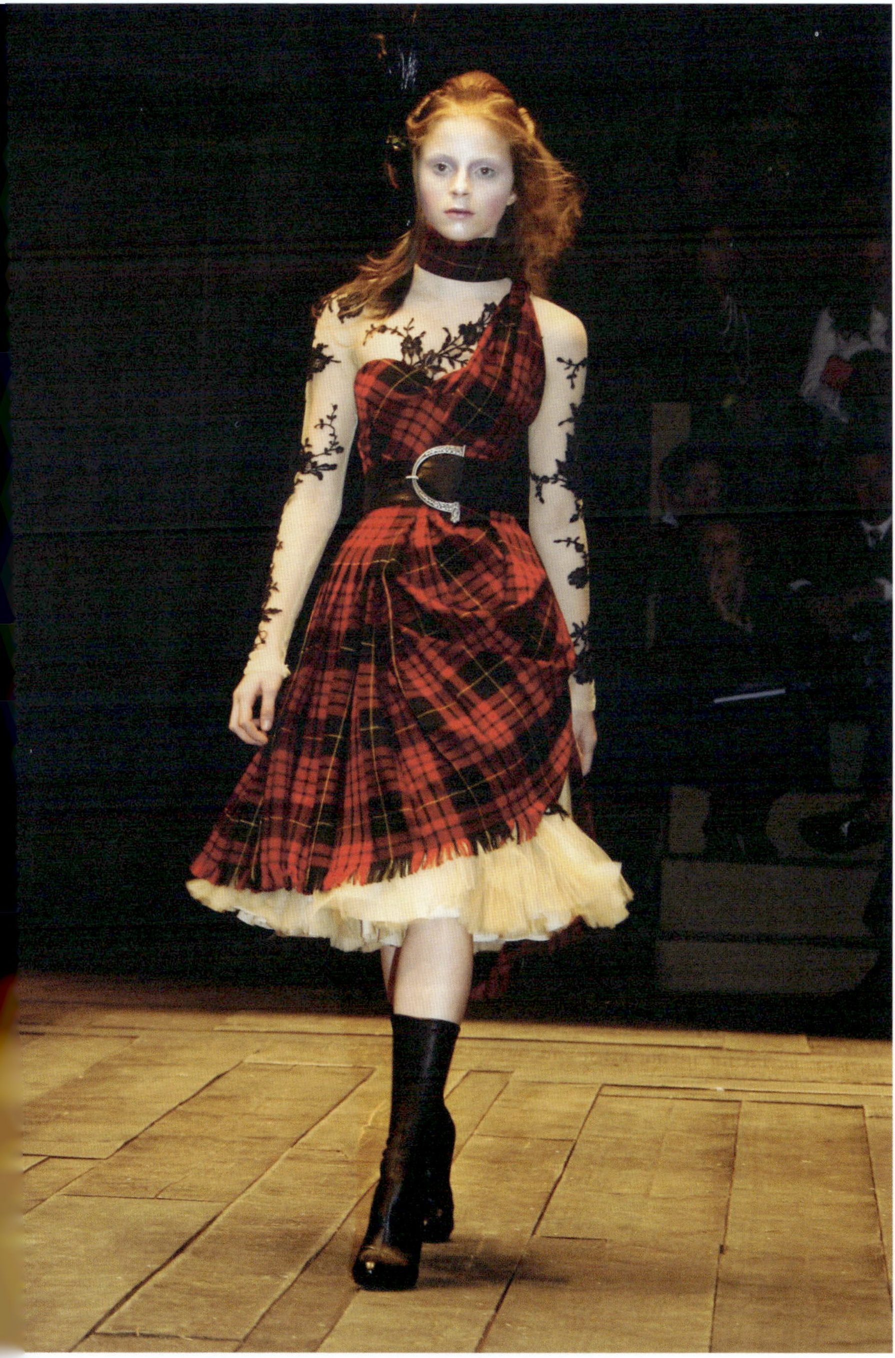

↑ 通过精湛的剪裁和对苏格兰传统的引用，麦昆融合了工艺与创意的关键。

← 麦昆说："我热爱苏格兰是因为我认为它曾经历了磨难。"他振兴苏格兰的象征——格子呢，以表示他对于苏格兰血液中流淌的激情与斗争的亲切。

"我喜欢带有一丝传统底蕴的时尚。"

麦昆

纹,同时期,好莱坞电影《勇敢的心》(Braveheart)以史诗般的视角展现了苏格兰独立的历程。

在麦昆的1995—1996年秋冬"高原强暴"系列中,他引用了他家族的格纹,将他对坚韧幸存者的看法与19世纪英国奸商对苏格兰高地的种族清洗联系起来。这个系列的作品和主题受到"高地清洗运动"(Highland Clearances)启发,当时农民被迫离开他们的土地。在这场秀中,T台上铺满了石楠花和欧洲蕨,模特们身穿破旧的夹克和破裂的蕾丝紧身胸衣,看起来疲惫不堪但富有攻击性。在服装的裁剪上他使用斜裁手法,并仔细地在拼接处将格子拼接完整。这场秀遭到了评论家的猛烈批评,他们认为麦昆的动机是厌恶女性。但麦昆坚信,他塑造的女性是逆境中的胜利者——他也在她们身上看到了自己。格子呢、蕾丝与乳胶作为这场秀的主要面料,凸显了麦昆对于他自己的民族出身的深刻认同。

The
Inspiration
灵感来源

来自母亲的影响

乔伊斯（Joyce）不仅仅是麦昆的母亲，更是他的心灵伙伴、向导和缪斯。作为一名教授系谱学的社会科学教师，当麦昆还是个孩子的时候，她就给他讲述了家族错综复杂的历史。安德鲁·威尔逊（Andrew Wilson）在为麦昆撰写传记时描述："乔伊斯向麦昆讲述了几个世纪以来由暴力、贫穷和分裂塑造的家族故事，同时也充斥着叛逆和坚韧。"麦昆的身份认知和他从母亲那里了解到的祖先与家族历史密切相关。乔伊斯出生在哈克尼（Hackney），但她的祖辈可以追溯到斯皮塔菲尔德（Spitalfields）的胡格诺派教徒（Huguenots）。从苏格兰到伦敦，谋杀和悲剧一直是麦昆作品的常见主题。

麦昆小时候，他的父亲就接受了收容治疗。乔伊斯作为一位单亲母亲，给予了儿子大量的爱和关注，他们的关系是非常亲密且深厚的。麦昆将自己走上时尚之路归功于自己的母亲。后者在电视上看到萨维尔街裁缝短缺的报道，便鼓励麦昆去试试。

关于贫穷和恐怖，乔伊斯曾告诉过麦昆，在维多利亚时代，臭名昭著的连环杀手开膛手杰克出没的地方离他们家很近，这个故事影响着麦昆整个职业生涯的创造力和想象力。麦昆的作品总是很新颖并具有先锋性，然而，不能忽视的是他对关于自己过去历史的迷恋。麦昆用服装讲述他与他自身历史的故事，他最大的天赋之一就是将特定时代，尤其是维多利亚时代的参照，与当下进行情感联系。这种后现代拼贴的表现形式

→ 麦昆对历史的引用从光鲜浪漫转向了更微妙、坚韧、原始的关于他自己的背景和文化的探索。

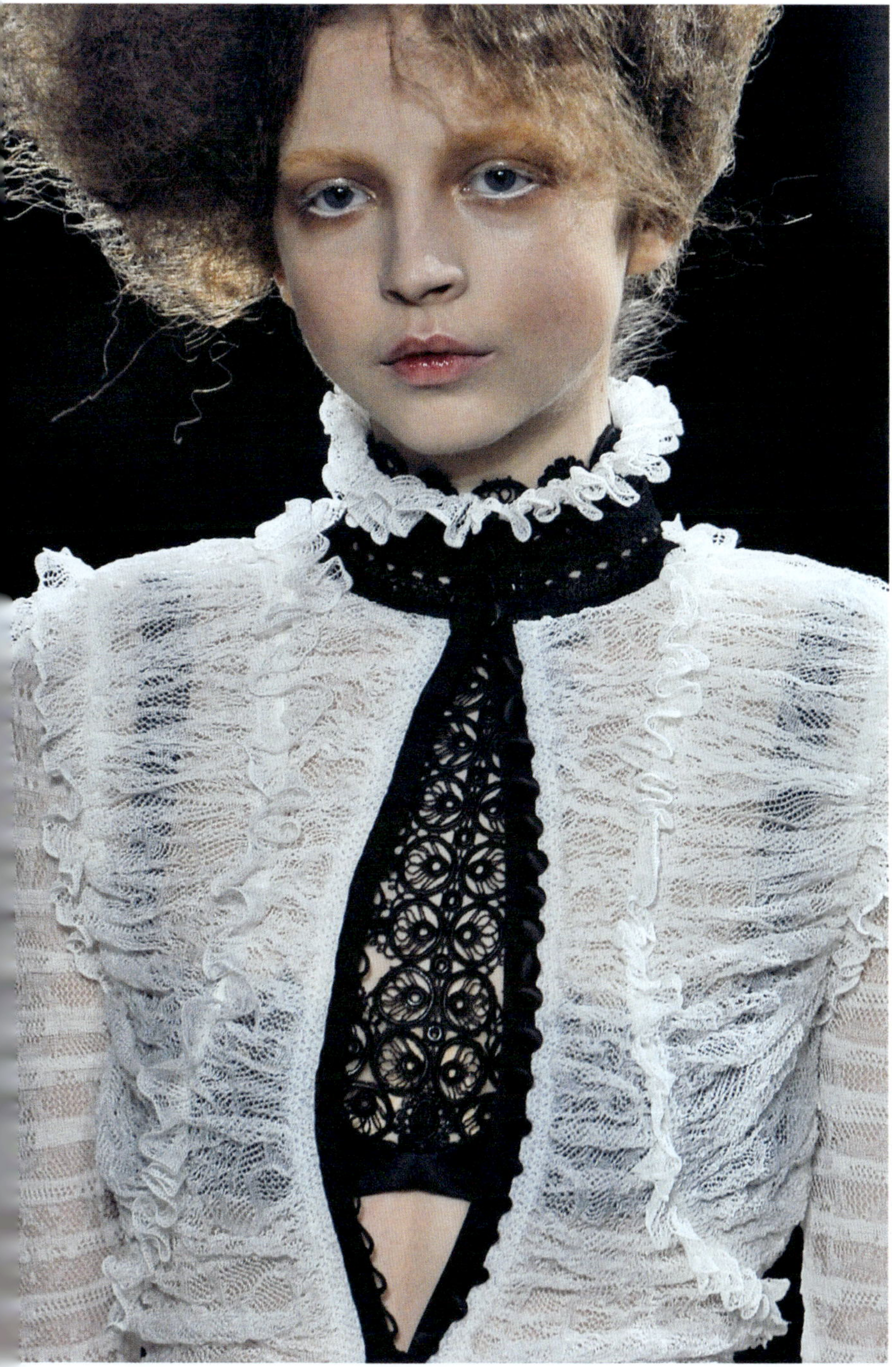

052

"你最害怕的是什么？"
亚历山大·麦昆：
"比你先离开这个世界。"

《卫报》

实现了当代听众对于过去情景的体验。乔伊斯鼓励并欣赏儿子的出格、坚韧和冒险的创意精神。他们相互尊重，也像朋友一样相互开玩笑。对于乔伊斯而言，麦昆的成功是她的骄傲，但他的正直对她来说是最重要的。

← 乔伊斯·麦昆（1934—2010）是麦昆最好的朋友、向导和缪斯。她对麦昆的智慧、创造力以及性格的影响在他一生中都举足轻重。

2004年，乔伊斯为《卫报》（The Guardian）采访了她的儿子。她问麦昆："你最害怕的是什么？"麦昆回答："比你先离开这个世界。"乔伊斯回答说："谢谢你，儿子。"在这段采访中，无论麦昆在暗指他是艾滋病毒阳性，或是他对死亡无所不在的关注，乔伊斯都似乎理解并接受了他的恐惧。麦昆与乔伊斯之间的联系超越了他们的生理或心理状态。她在76岁时去世；大约一周后，他自杀了。

来自家族的影响

作为一个集大成者，麦昆在他的概念、剪裁和呈现上都借鉴了不同时代的参照。其中，对他缝纫工艺产生影响的是一本16世纪裁缝胡安·德·阿尔塞加（Juan de Alcega）的《裁缝样书》（Libro de Geometria, Práctica y Traça）。书中记载的裁剪细节在麦昆1996—1997年秋冬"但丁"系列和2009年春夏"自然差异·非自然选择"系列中都有所体现。

麦昆带有私人性质的对自己家族历史的反复引用，是他对家族的最大敬意。他因为拒绝压抑自己背景中较为粗犷的一面而被称为"英国时尚界的坏小子"（hooligan of English fashion）。苏格兰文化和伦敦东区一直是他灵感的源泉。在他的2007年春夏"萨拉班德舞曲"系列中，他借鉴了自己祖辈居所附近的主时尚街区的技术与图像——在那里，街头犯罪、贫穷、暴力与蕾丝花边、豪华纺织品产生了冲击。

19世纪50年代，麦昆的母系祖辈居住在多塞特街（Dorset Street），这个街区在19世纪80年代，由于开膛手杰克谋杀和肢解性工作者而永远臭名昭著。1992年，麦昆以开膛手杰克对他的童年影响为灵感，举办了自己的第一场时装秀。秀场上，他使用被破坏的印花面料重现了这些女性受害者的服饰，在纪念她们生命的同时也在设计中映射了她们生活的复杂性。为了全方面参考过去的准则，麦昆严谨地研究了那个时期，并将自己作为童年创伤的幸存者与之联系在一起——在超越的同时也保留了一段恐怖的历史。

→ 麦昆 2007 年的"萨拉班德舞曲"系列受伦敦维多利亚时尚区素材和工艺的影响，这是他的祖辈曾工作和生活的地方。

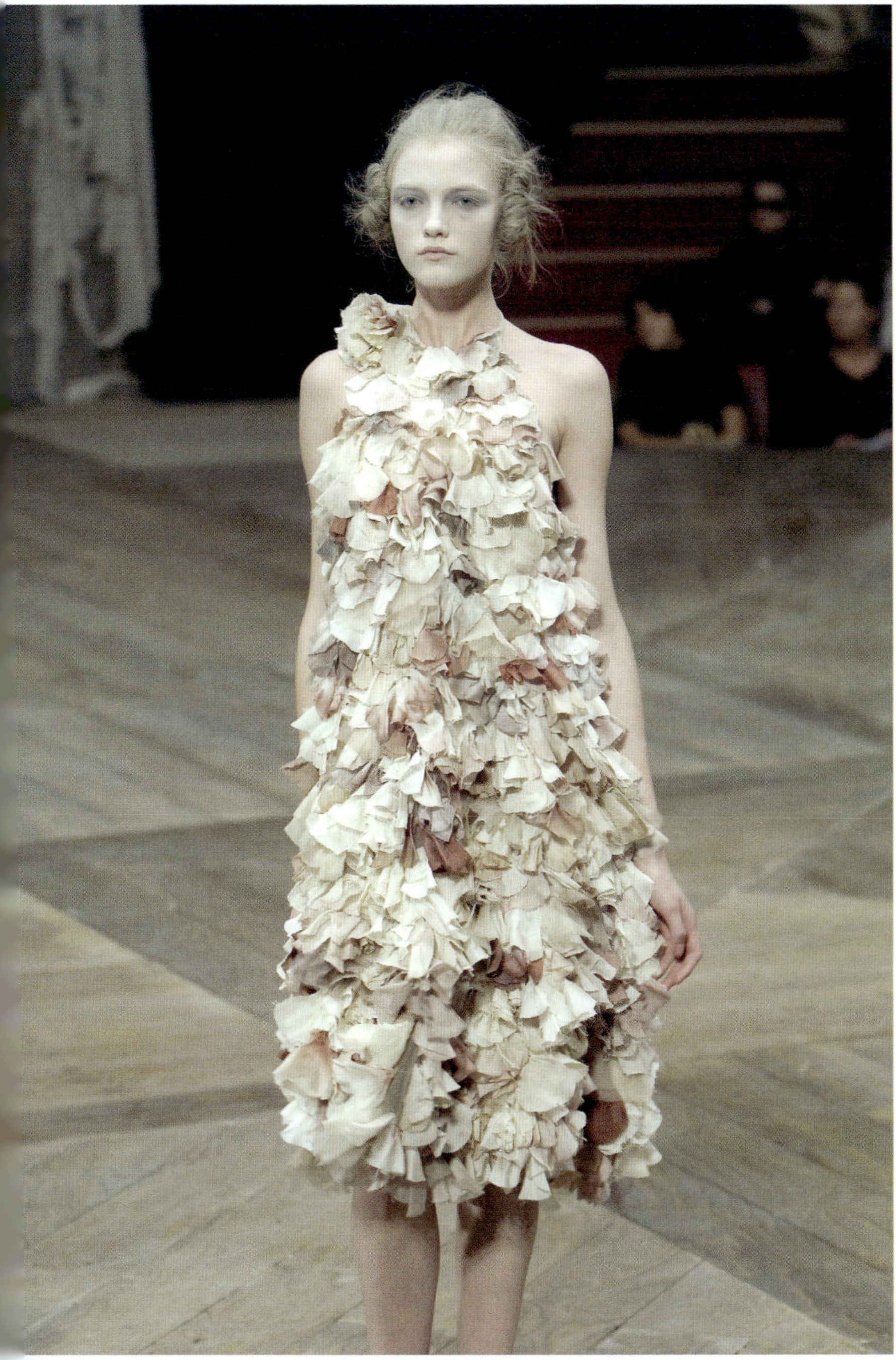

细节中的灵感

据传记记载，麦昆在和他母亲一起看电视时曾看到一篇报道，报道中哀叹了传统男装剪裁的消亡和熟练学徒的匮乏。于是乔伊斯便鼓励儿子去萨维尔街接受训练。麦昆在那里掌握的熟练技能一直是他职业生涯的王牌。他的服装所带来的巨大文化影响，不仅因为概念上的分量，也因为其在本质和美学上的成就。麦昆拥有的技术天赋是同龄人几乎无法比拟的。他有着将面料剪裁合体的神奇能力，萨维尔街是他了解纺织品与人体之间关系的起始点。

麦昆刚入行时在安德森与谢泼德（Anderson & Sheppard）裁缝服装店工作。他们是梅菲尔（Mayfair）区最老牌的裁缝店之一，从1906年就开始为绅士们提供服装。他们的标志性西装优雅且得体，在保留传统美学的同时也可以让穿着者轻松自如。在其全盛时期，安德森与谢泼德为弗雷德·阿斯泰尔（Fred Astaire）、科尔·波特（Cole Porter）等以优雅和有高度文化素养著称的男星设计服装。他们忽视性别标准并发表了"欢迎女士们，只要她们穿男装"的著名言论，马琳·黛德丽（Marlene Dietrich）就是他们的客户。作为一个17岁的学徒，麦昆的年薪还不及一些安德森与谢泼德的西装成本高，但在这里他学会了如何剪裁、缝纫，制作里衬与西装的细节。他是这样评价在安德森与谢泼德的工作的："就像狄更斯（Dickens）一样，盘腿坐在长凳上，纳西装的驳领，缝纫一整天——这种感觉很好。"

→ 麦昆利用他在萨维尔街掌握的技巧，运用经典的男装面料与裁剪来塑造典型的女性形象。

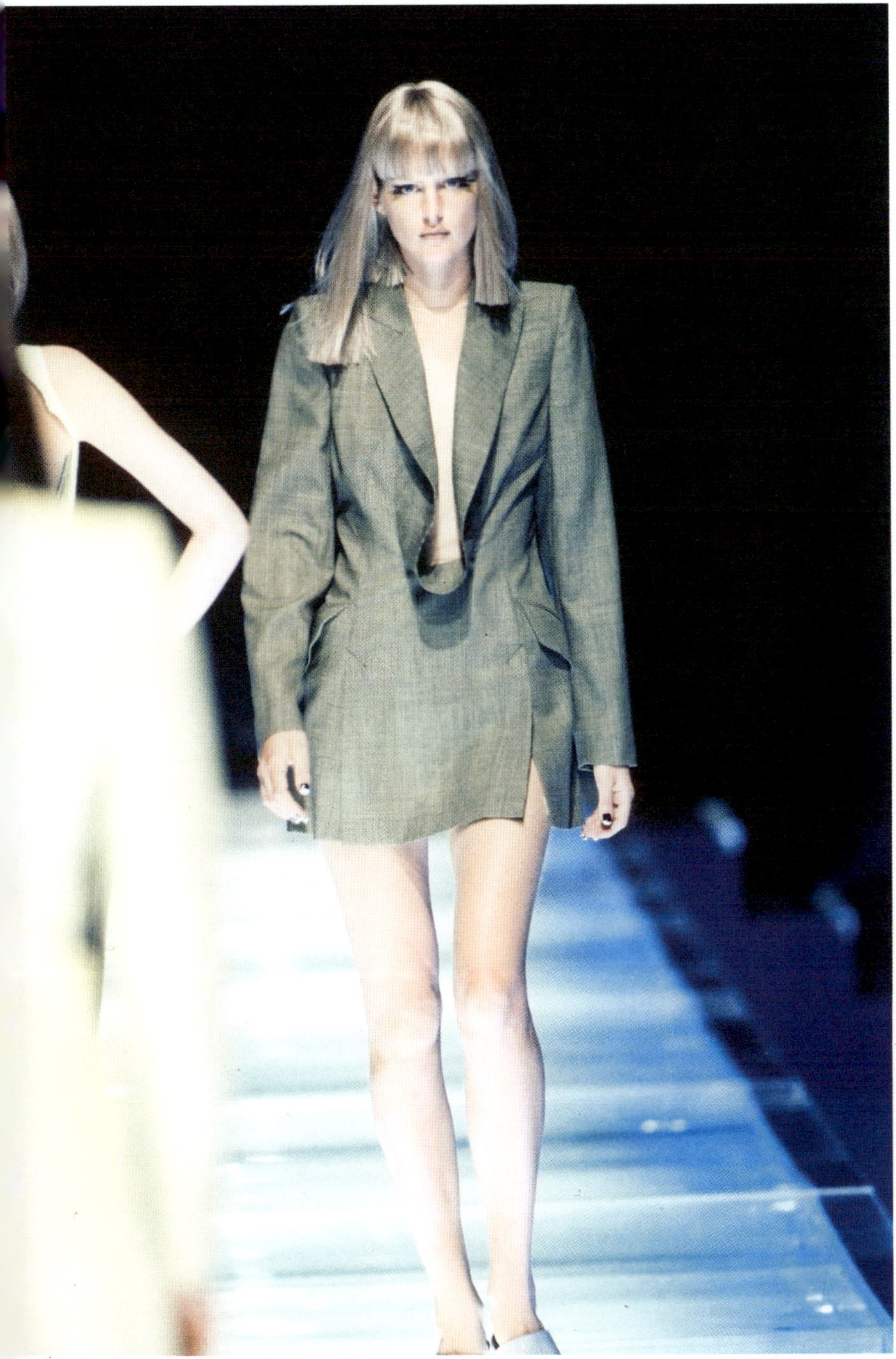

"在安德森与谢泼德的工作,
就像狄更斯一样,
盘腿坐在长凳上,
纳西装的驳领,
缝纫一整天。"

麦昆

对于麦昆来说，在他转向女装制作时，西装的制作标准和端庄的结构是引人入胜的。在1998年春夏系列中，一件黑色羊毛迷你裙充分展示了萨维尔街对他的影响。这件服装运用了男士西装剪裁技巧，为女性量身定制。裙子的长度刚刚覆盖过大腿，前侧位置有一个像男士西装夹克背面一样的小开衩，裙子的上半身几乎是男士单排扣西装夹克的复刻——除了它的门襟完全敞开到穿着者的肚脐位置。麦昆非常巧妙地展示了他对性别构建的方法，同时创造了一件具有独特结构的服装。

2013年，亚历山大·麦昆旗舰店在萨维尔街开业。这是对麦昆创作历史的致敬，也是国际品牌第二次征服这条以男士定制服装闻名的街道。店内的一部分设置为画廊，用于展示艺术品，同时也保留了传统的展示柜用于展示配饰和装饰品。这家店的位置和外观充分体现了对麦昆服装事业起始的认可。

↑ 位于伦敦市中心的萨维尔街建于1730年，至今仍是传统男装剪裁的核心，并为高端、专业的男装定下了标准。

裸露的皮肤

皮肤，在麦昆的设计中是一种感官和概念材质。他将皮肤和性感区域纳入他服装的叙事中，而不是使用织物来框定敏感部位，或是利用模特的躯体作为留白。对麦昆而言，时尚就是将脆弱与盔甲并置在一起。安德鲁·威尔逊将麦昆塑造的典型女性形象总结为"脆弱且强大的幸存者"，就像他的姐姐和母亲一样。这些品质不是相对的，而是相关联的，所以皮肤的细腻和韧性是他创作的主要主题。

性在麦昆的作品中无处不在，无论是表现为裸体，或是身着高级恋物装备。在他第一次展示他的超低腰露臀裤时，目的是把所有注意力都吸引到那处被遗忘的皮肤上。脊椎的底部，不仅仅是臀部，在超低腰的剪裁下显得性感而引人注目。因为暴露的皮肤区域反而拉长了模特的四肢和躯干，并突出了服装，使模特看起来比平时更得体，麦昆将这种效应解释为"相当有威胁性"。

麦昆1997年的系列使用了粉色面料和珠饰流苏，向超现实主义者汉斯·贝尔默令人不安的作品表达致敬。其中模特斯特拉·坦南特（Stella Tennant）穿了一条粉色的裤子，裤子裆部的剪裁叠搭在一起，搭配了一件上身有斜拉链的黑色紧身连体衣。她的一小片皮肤暴露在拉链后面，但她躯干的其他部分被遮盖住了。那一丝敏感的皮肤暗指贝尔默古怪扭曲又残缺不全的玩偶。

在他的1997—1998年秋冬系列中，他从赫伯特·乔治·威尔斯（HG Wells）的恐怖故事《莫罗博士的岛》（The Island of Doctor Moreau）中寻找

→ 罗斯玛丽·弗格森（Rosemary Ferguson）在 1997 年系列中大量裸露的皮肤，象征着女性的脆弱与力量。

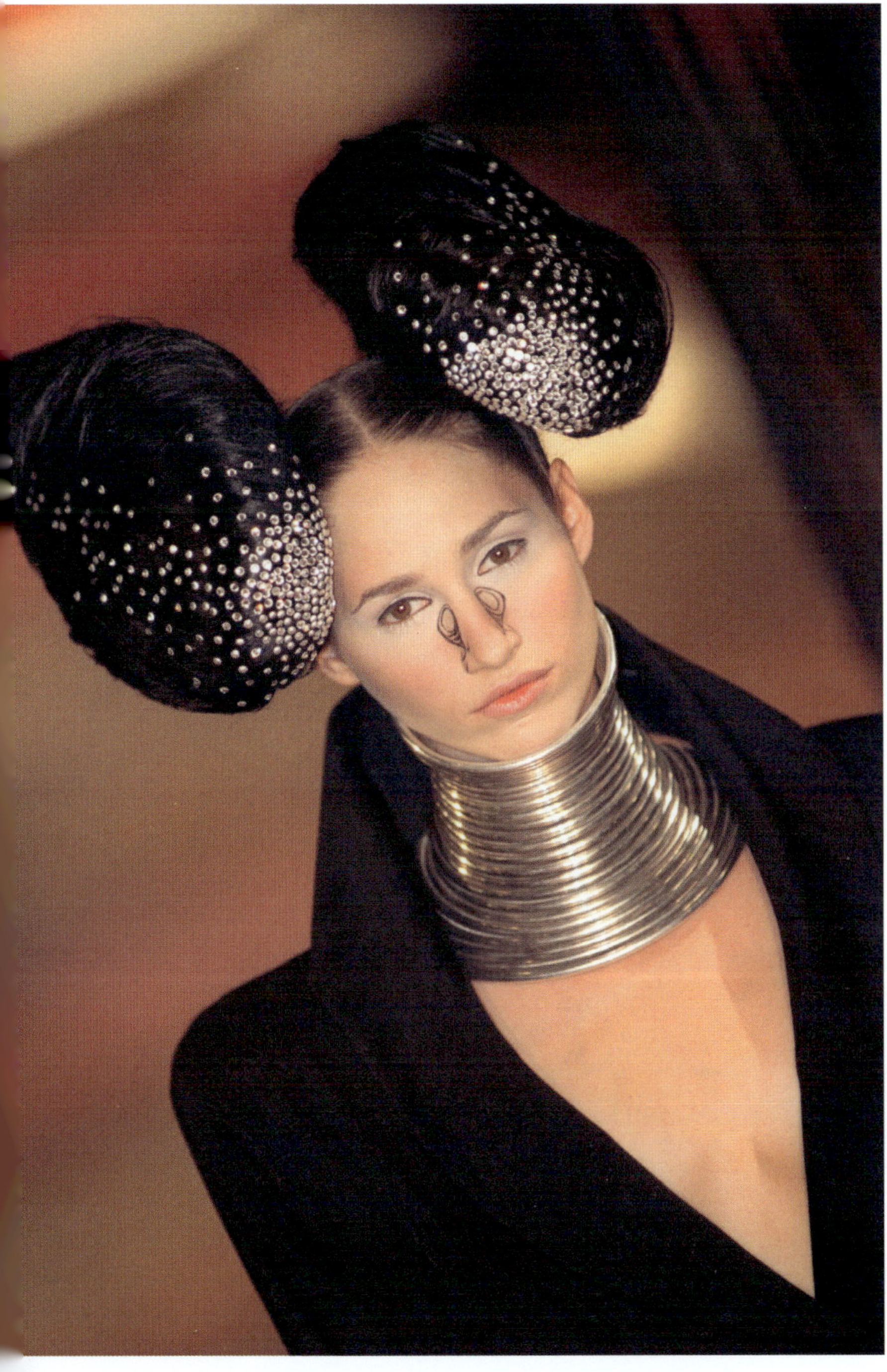

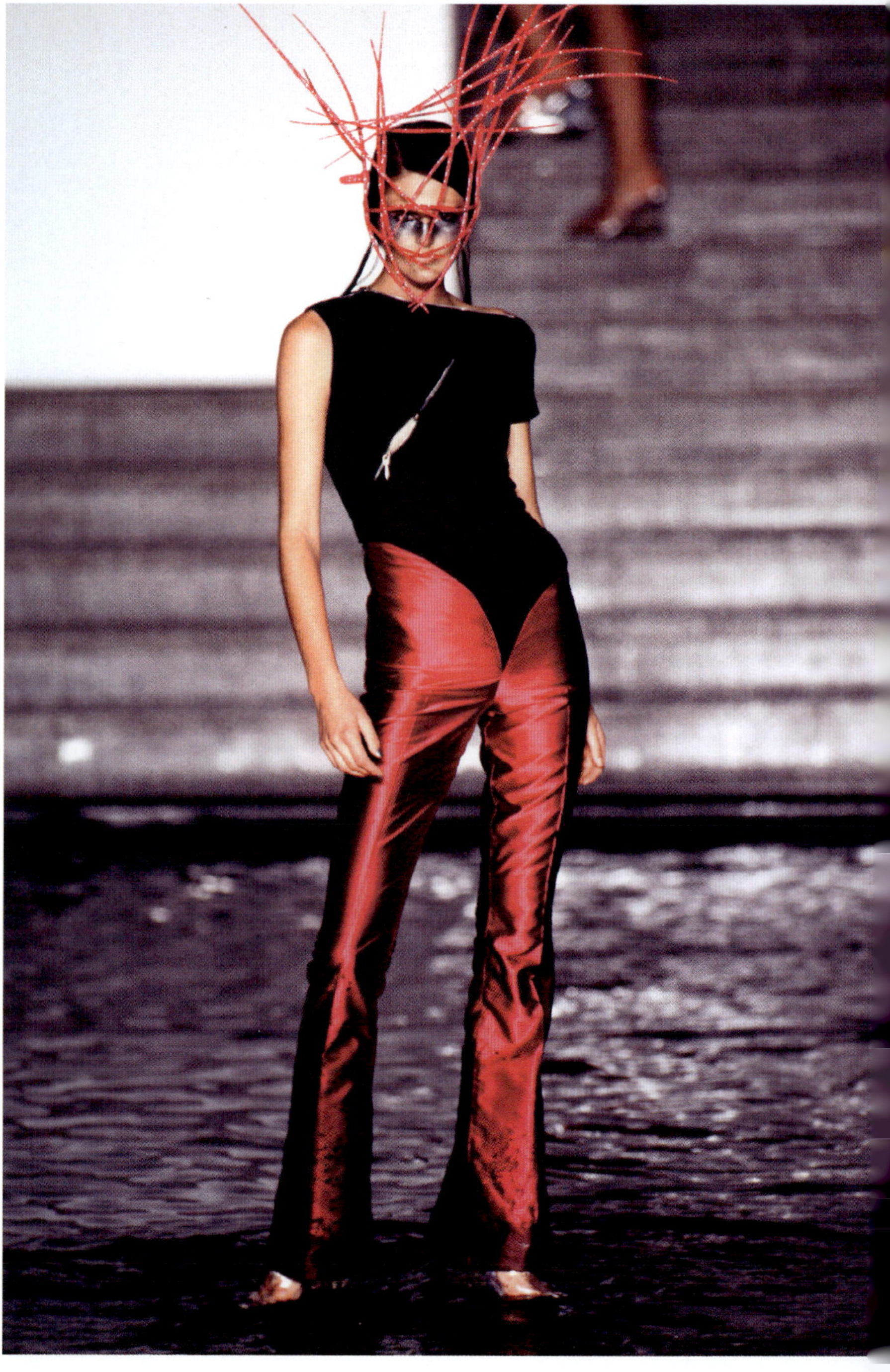

> "我希望赋予女性力量，
> 我希望穿着我的服装的
> 女性是令人生畏的。"
>
> 麦昆

到了灵感。在这场秀中，模特罗斯玛丽·弗格森穿上了黑色的天鹅绒材质的服装，脖子上紧密地缠绕着金属环。从她的胸衣侧面可以看到裸露的胸骨，在缅甸卡扬部落的金属环衬托下显得非常脆弱。同时，她的身姿强大且充满挑衅。在这个造型中，如果她在夹克里面穿了任何东西，都会减弱服装所表达的强大力量。相反，她裸露的皮肤使面料更加直接体现出强烈的人性化特质。设计师选择展示的胸部，可以让人感受到胸腔下的心跳。正如他所说："我希望赋予女性力量，我希望穿着我的服装的女性是令人生畏的。"

— 在这件 1997 年的作品中，斯特立·坦南特上衣拉链止口处裸露的一小块皮肤让服装与穿着者的身体产生了联系。

寻找志同道合的灵魂

"李总是被受伤的人吸引。"他的主要缪斯之一达芙妮·吉尼斯谈到麦昆时说。在麦昆的时尚生涯中,他与美丽、阅历丰富、富有诗意的女性建立了友谊,这些女性影响着他的设计创意。麦昆有一种与生俱来的强大能力,能深入了解人们的弱点,并直接与他们的灵魂对话。作为童年性虐待的幸存者和家庭暴力的目击者,麦昆的创伤史使他拥有极强的共情能力。通过了解他人的痛苦与力量,他复兴了"缪斯"的概念。这个角色被女权主义者认为是寄生的或压抑的。但麦昆并没有物化缪斯的角色,而是向体现了女性力量和脆弱的女性本身致敬。

和麦昆做朋友是极具挑战性的,但又是独一无二的。在他死后,他最好的朋友安娜贝尔·尼尔森(Annabelle Neilson)告诉记者:"他所做的任何事我可能都会原谅,也许你会更多地原谅难相处的人。"麦昆和尼尔森的关系超越了他们之间所有的差异,成了彼此的灵魂伴侣。她说她发现了他的能量磁场,他珍惜她的叛逆、不屈和与众不同。

达芙妮·吉尼斯与麦昆是志同道合的朋友。她的美丽和显而易见的脆弱促成了他们协力而作的艺术表达。吉尼斯是被家人的朋友伤害的受害者,当她还是个孩子的时候,就已经非常富有想象力并且忧心忡忡了。这种恐怖与奢华的结合,使她与麦昆有了不解之缘,他们的合作融合了他们的生活经历、愿景、抱负以及对美学的理解。当麦昆为吉尼斯设计他的牡蛎裙时,他意识到她的出淤泥而不染——被玷污却又超凡脱俗。

→ 达芙妮·吉尼斯将她与麦昆的关系的核心部分描述为他们共有的"拥抱混乱的舒适感"。

NEW YORK CITY BALLET
Celebrating legendary fashion designer
Valentino

紧密的时尚联盟

麦昆通过共情能力及同理心与他的缪斯相互依存，但他与伊莎贝拉·布罗的关系是最复杂又是最牢靠的，原因是麦昆使她煎熬。麦昆的设计中所唤起的性紧张和动力，在他与布罗的关系中更加原始和混乱。权利的失衡与交替，使他们的关系反复无常。但布罗对极端的开放不断推动着麦昆突破边界，将他培养成天才。她是麦昆孜孜不倦的宣传大使。

布罗是麦昆的第一位赞助人，也是他进入上层时尚的向导。她以5 000英镑买下了他第一个系列的所有作品，分期付款，每周100英镑，因为她觉得它们有"血肉之感"。作品中粗俗的竞争力和挑衅成为他们友谊的桥梁，在这种友谊中，残酷令人如痴如醉，直到布罗对麦昆的注意力的需求近乎着魔，使他产生了抵触。

甚至在遇见麦昆之前，布罗就将她的不安全感变成了她的优势。在她的一生中，她都非常清晰对自己的外表并非传统的定位，她用超现实的大胆穿着，将自己变成了艺术极端的载体。作为一个才华横溢、机智敏锐的远见卓识者，布罗发现了那些被忽视的、能够定义时代的人才。布罗十四岁时，她的母亲离开了，她的兄弟在蹒跚学步的年纪淹死在家里的游泳池里。她出身显赫，却不被父亲接受，她从据称价值数百万英镑的庄园中仅仅继承了5 000英镑，这与她买下"开膛手杰克跟踪他的受害者"系列所付的金额相同。在打过零工，并在纽约的哥伦比亚大学学习了中国艺

→ 布罗的影响力和形象贯穿了麦昆的所有作品。在这套造型中，崔西的蝴蝶帽盘旋在曲线上，像极了著名的沙漏廓形。

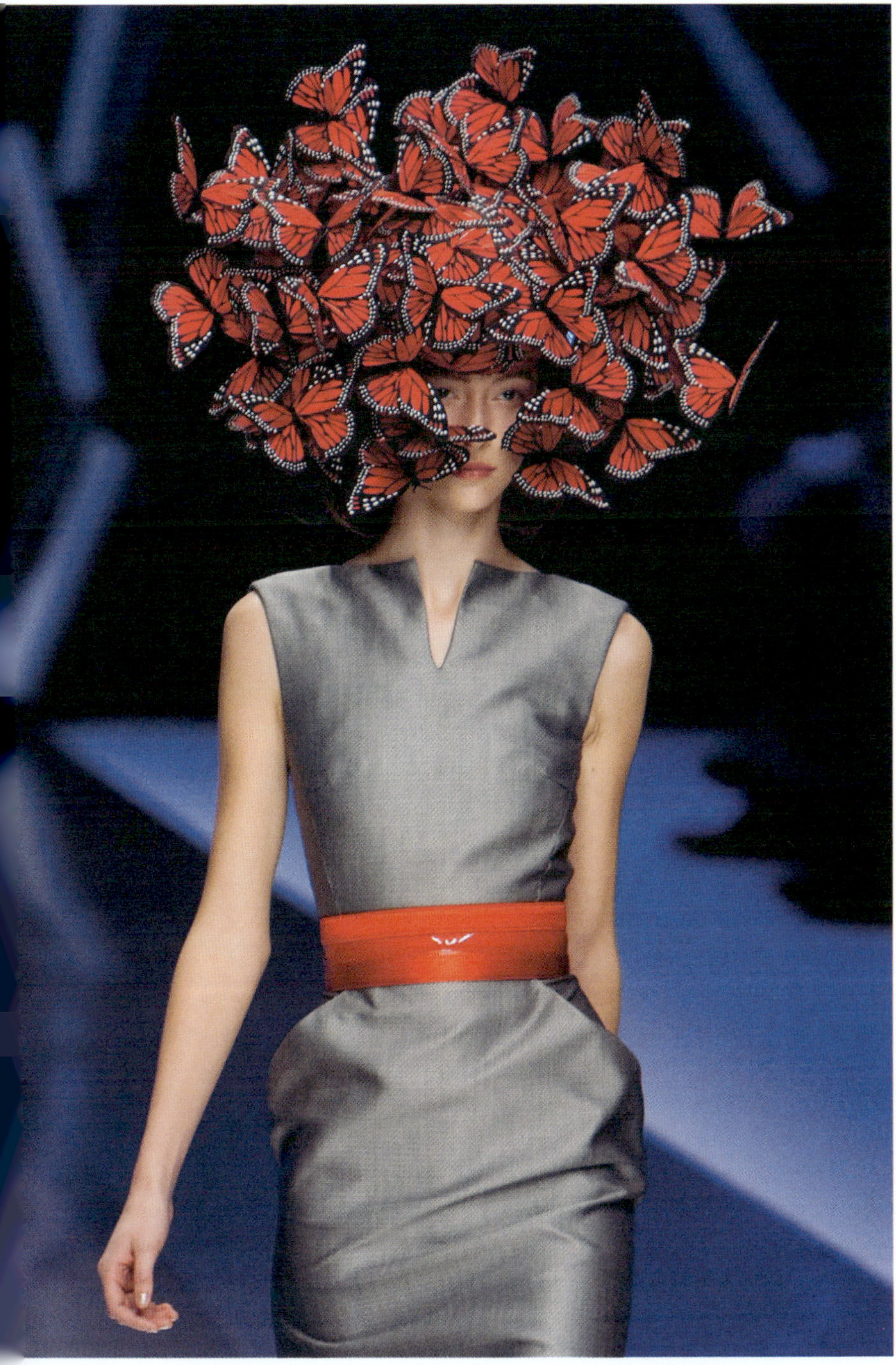

"亚历山大大帝"

伊莎贝拉·布罗对麦昆的昵称

史后，布罗进入了伦敦时尚界。回到伦敦后，她开始为《星期日泰晤士报》（The Sunday Times）担任造型师，在那里，她开始推崇小众的内行人才。她具有培养超凡视角的艺术家的能力，给时尚界带来了菲利普·崔西、苏菲·达儿（Sophie Dahl）、斯特拉·坦南特和麦昆。

布罗在看过麦昆的首场秀后便将推广麦昆作为她的主要事业，并将她的全部精力投入到对他作品的支持上。虽然麦昆的大多数朋友都称他为李，但布罗坚持称他为亚历山大，因为她觉得这个称呼更适合他。"亚历山大大帝"是布罗对他的昵称。随着麦昆的名气和影响力与日俱增，他开始远离布罗。布罗的支持使麦昆达到了一定的高度，并且麦昆自己超过了这个高度，而布罗对麦昆忠诚度的要求，超越了麦昆愿意给予的程度。当布罗感到被遗弃时，他们关系中的性心理暗流演变成了情感虐待。2007年，布罗喝下了她丈夫的父亲用来自杀的除草剂，她的死似乎使麦昆失去了相互依存的灵魂。随后，麦昆举行了时装发布会来纪念布罗。

恐怖的力量

麦昆与恐怖电影、文学和艺术大师们共同痴迷于将堕落与美并置。对于他而言，他更喜欢排斥而不是吸引。他希望自己的设计是难对付的，甚至是令人不安的，并且能在观众中引发无限的情绪冲击。他知道，观众的畏惧意味着他的设计突破了表象。正如他的名言："每一层皮肤下面都有血液流淌。"

阿尔弗雷德·希区柯克（Alfred Hitchcock）本人曾轻描淡写地形容恐怖片，他说："恐惧本身并不那么难理解。"但制造恐惧的机制与个人和文化有着极其复杂的关系。作为希区柯克的影迷，麦昆认可恐怖片的深度和力量，并颂扬其精炼且复杂的表现形式。无论是表达庸俗或是狂欢，麦昆的T台秀中所营造的恐惧氛围都是复杂、微妙、睿智和美学升华的。麦昆通过色彩、廓形或直接引用真实的犯罪、虚构的恐怖故事来挖掘个人或集体的情感秘密。

帕特里克·聚斯金德（Patrick Süskind）的《香水》（Perfume: The Story of a Murderer）是麦昆最喜爱的书之一，科特·柯本（Kurt Cobain）在1985年的《没有嗅觉的学徒》（Scentless Apprentice）这首歌中也提到了这部小说，书中讲述了一个年轻人的故事。故事的主人公拥有非凡的嗅觉，这使他摆脱了贫穷和默默无闻，同时也驱使他去谋杀年轻的女性。这种与众不同的悖论与麦昆自己饱受折磨的天才角色有着相同的悲剧色彩。《香水》这本书对麦昆的影响在他的"开膛手杰克跟踪他的受害者"系列中有非常明显的体现，系列中一件粉红色的半透明外

→ 从他职业生涯的一开始，麦昆就在最黑暗的人性中找寻到了能量和灵感。在他1996年的系列中，一件白衬衫上的血手印就印证了这一点。

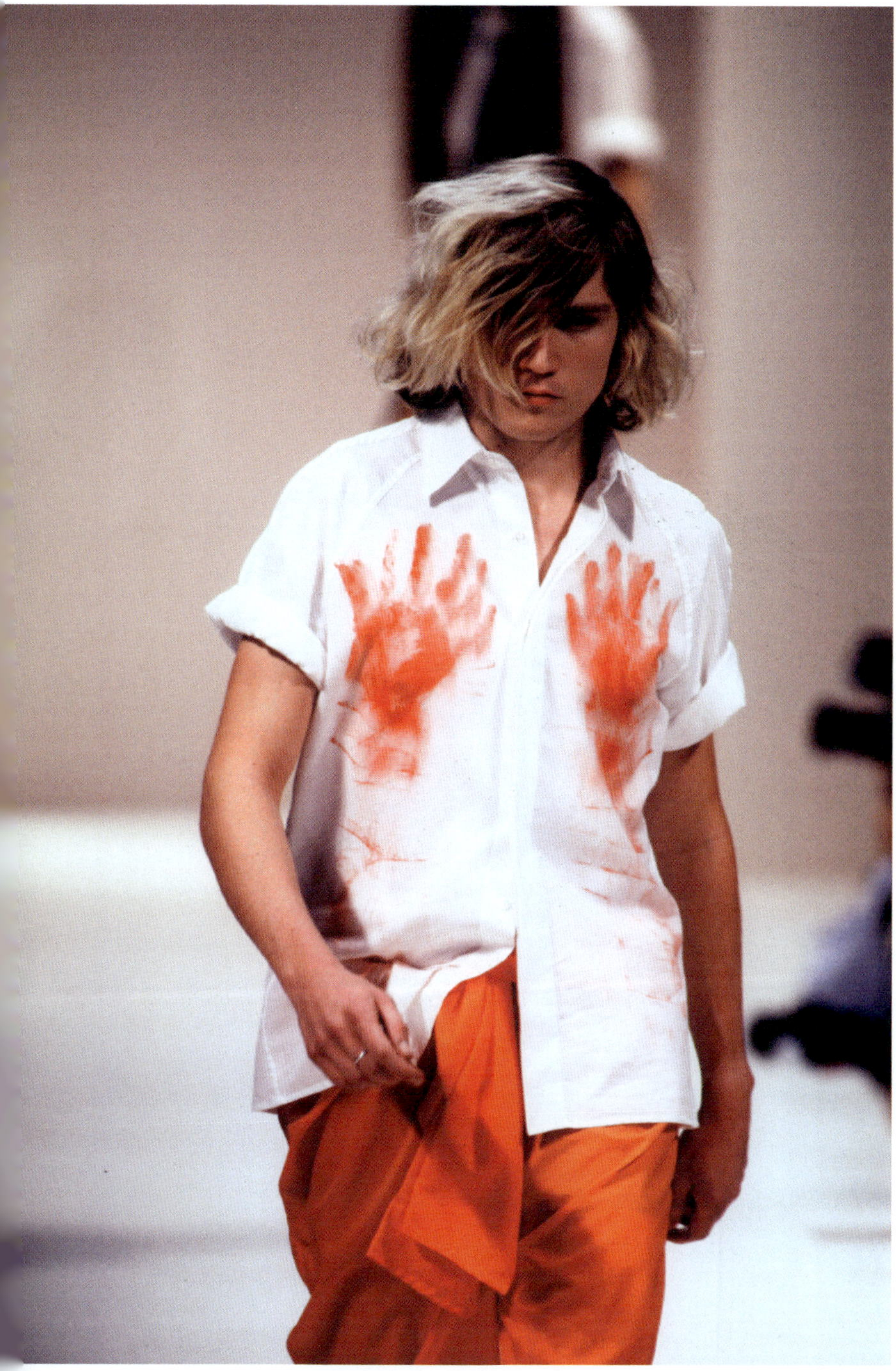

> "我关注的是人们脑海中的想法,那些人们不想承认或面对的东西。"
>
> 麦昆

套,他在内衬中缝入了人的头发,引用了聚斯金德这部可以在视觉上唤起共鸣的小说中的特定场景。

麦昆的1996年春夏"千年血后"(The Hunger)系列,灵感来源于托尼·斯科特(Tony Scott)1983年的吸血鬼电影,表明亡灵是时代的潮流。在这个系列中,他制作了一件透明的胸甲,在胸甲的塑料夹层中间放入了蠕虫,以唤起人们对腐烂尸体的联想。另一件标志性的作品是一件透明连衣裙,裙子的中心像被烧成黑色,并露出一道破膛的"伤口"。在斯科特这部温文尔雅的电影中,大卫·鲍伊(David Bowie)、苏珊·萨兰登(Susan Sarandon)和凯瑟琳·德纳芙(Catherine Deneuve)扮演了被交织的欲望所吞噬的吸血鬼。在麦昆的演绎下,秀场的服装传达出既令人生畏又令人不安的情绪,铅笔裙和漆皮材质的运用也使模特们更加凸显了挑衅与贬斥的意味。在麦昆2009—2010年向利·鲍厄里怪诞的行为艺术致敬的作品中,运用了突如其来的全球金融风暴焦虑,将"恐惧"发挥得更加淋漓尽致。麦昆说:"我关注的是人们脑海中的想法,那些人们不想承认或面对的东西。"

→ 麦昆的这件作品用烧焦的痕迹和割裂的切口营造出一种令人毛骨悚然,且充满性暗示的形象,使观众难以忘怀。他通过对材质、剪裁与制作方式的运用,唤起了暴力、性、生存和力量等关键话题。

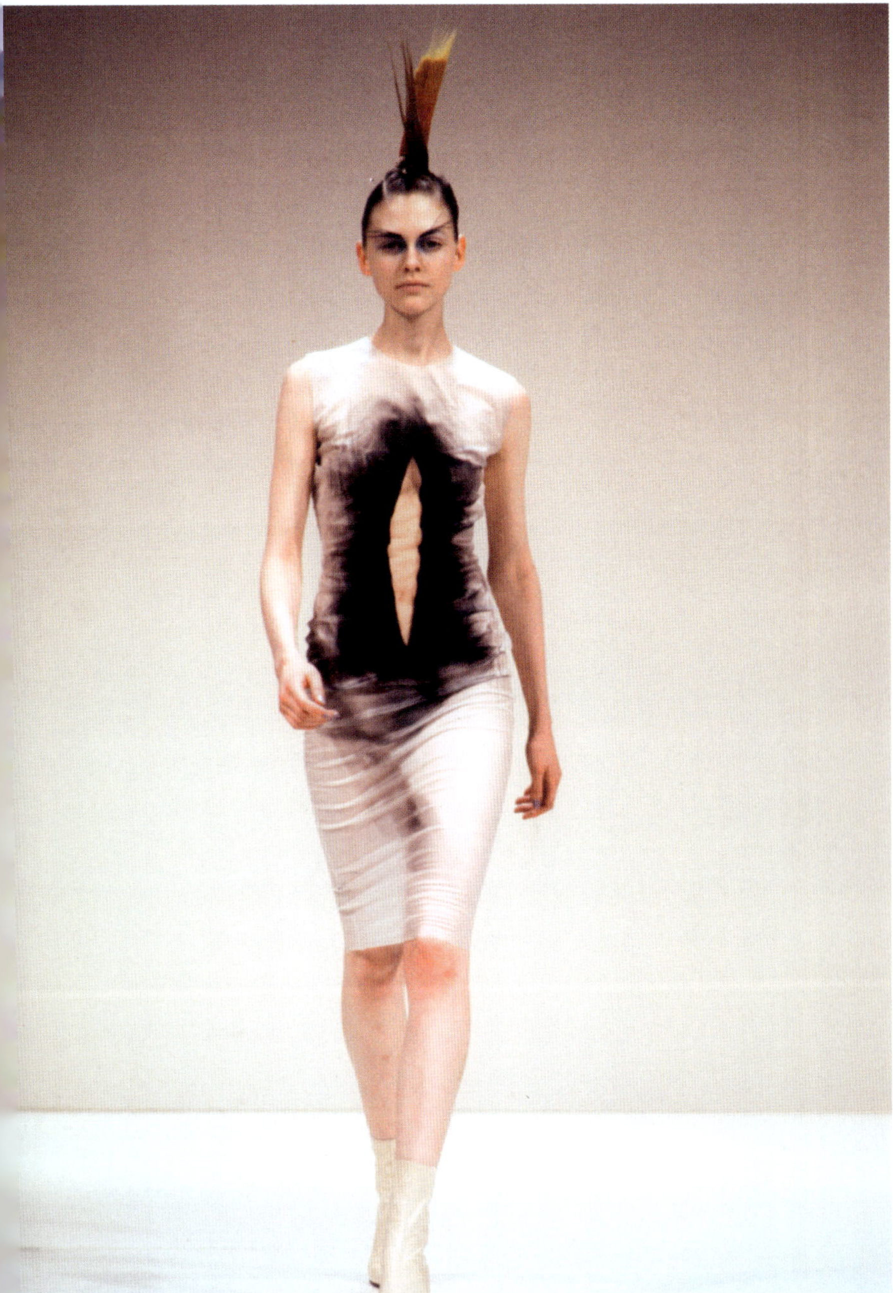

捕获时代精神

麦昆将20世纪90年代和21世纪头十年占据英国艺术主导地位的原生、粗糙和傲慢的精神带入了时尚界。他最亲密的伙伴被统称为YBAs（Young British Artists，英国青年艺术家）。1995年，麦昆搬到了霍克斯顿（Hoxton），在那里他加入了一群充满着粗俗的幽默、不羁和野心的艺术家行列。死亡、性、性别与阶级是YBAs集体的核心主题——事实上，在麦昆的职业生涯中也是如此。时尚评论家苏西·门克斯（Suzy Menkes）回顾这位初出茅庐的设计师的哥特情怀时，她关注到麦昆与当代艺术家和作家的同步性，并评论说"他抓住了时代的精神"。

萨姆·泰勒-伍德（Sam Taylor-Wood）是著名的摄影师和电影制作人，同时也是麦昆的亲密友人和缪斯之一。其作品探索了文化价值、名流文化、流行文化并跨越了各个学科。20世纪90年代是一个艺术与时尚相遇的时代，这种碰撞也成了学术界、评论界以及策展界所讨论的理想话题。在麦昆频繁展示并打造的个人系列中，可以看到他的作品受到了泰勒-伍德的影响，并反映出他自身对于黑暗的兴趣。一尊20世纪60年代的雕塑，是一个穿着内衣的女人，四肢着地，背上支撑着一个放有扬·凡·艾克（Jan van Eyck）1434年的著名画作的桌面。这件作品为麦昆的"但丁"系列中的面料提供了灵感。麦昆的当代作品是忧郁的，他将痛苦、悲怆与成功的光环结合在一起，这是他创作的罗盘。

随着麦昆的作品在商业上获得回报，以及在跨文化领域影响力的与日俱增，他受到了与他的YBAs同伴相似的批评。无限的求知欲和自谦的天赋使他没有成为创意黑客，而一些艺术界的大咖则失去了时代精神。

→ 萨姆·泰勒-伍德和麦昆：横跨艺术界与时尚界的艺术家。

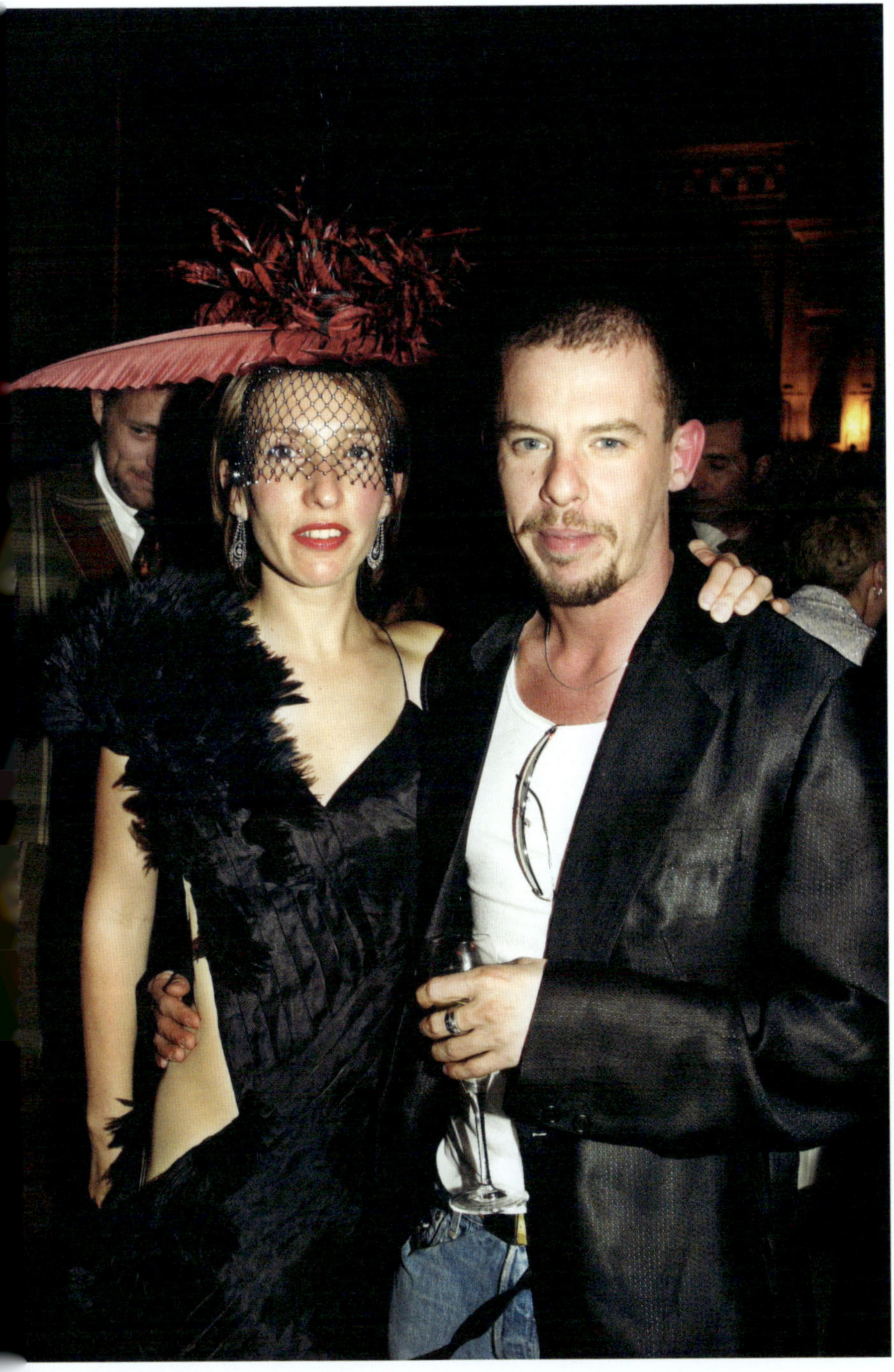

在艺术作品中找寻美

2011年，大都会艺术博物馆举办了"亚历山大·麦昆：野性之美"回顾展。展览中囊括了麦昆几乎所有的代表作，并突出了它们在艺术遗产和当代话语中的根源。麦昆与约翰·加利亚诺（John Galliano）、马丁·马吉拉（Martin Margiela）在概念艺术、戏剧和一种将服装塑造成活体雕塑的时尚之间建立了新的纽带。

麦昆最著名的艺术致敬是他的1999年春夏秀场上的动作绘画（Action Painting），这件作品由前芭蕾舞演员莎洛姆·哈罗（Shalom Harlow）和喷墨机器人一同创作，为新时代赋予了杰克逊·波洛克（Jackson Pollock）的抽象艺术般的活力。秀场上，哈罗身穿伞形白色纱裙，动作优雅且富有表现力，喷墨机器人向她喷洒着酸绿色和黑色的颜料。这个经典秀场的灵感来源于丽贝卡·霍恩（Rebecca Horn）1991年的装置艺术作品"高月"（High Moon）。

在某些情况下，麦昆的作品与艺术之间的关系比表象所展示出的更深入。他运用并直击艺术核心的概念问题。麦昆说："对于了解麦昆品牌的人来说，我的作品中总是隐藏着潜在的信息，通常只有睿智的人才能理解我所做的一切。"

在他的1996—1997年秋冬"但丁"系列中，他从佛兰德斯（Flemish）14世纪和15世纪的绘画作品中得到灵感，并将它们与英国摄影记者唐·麦库宁（Don McCullin）的照片结合在一起，运用到印花和剪裁中。在这个系列中，他甚至复制了乔-彼得·威金1984年肖像照中的基督面具。通过从文化和艺术

→ 麦昆1996—1997年秋冬系列中模特所戴面具的灵感来源于乔-彼得·威金1984年自己的肖像照。

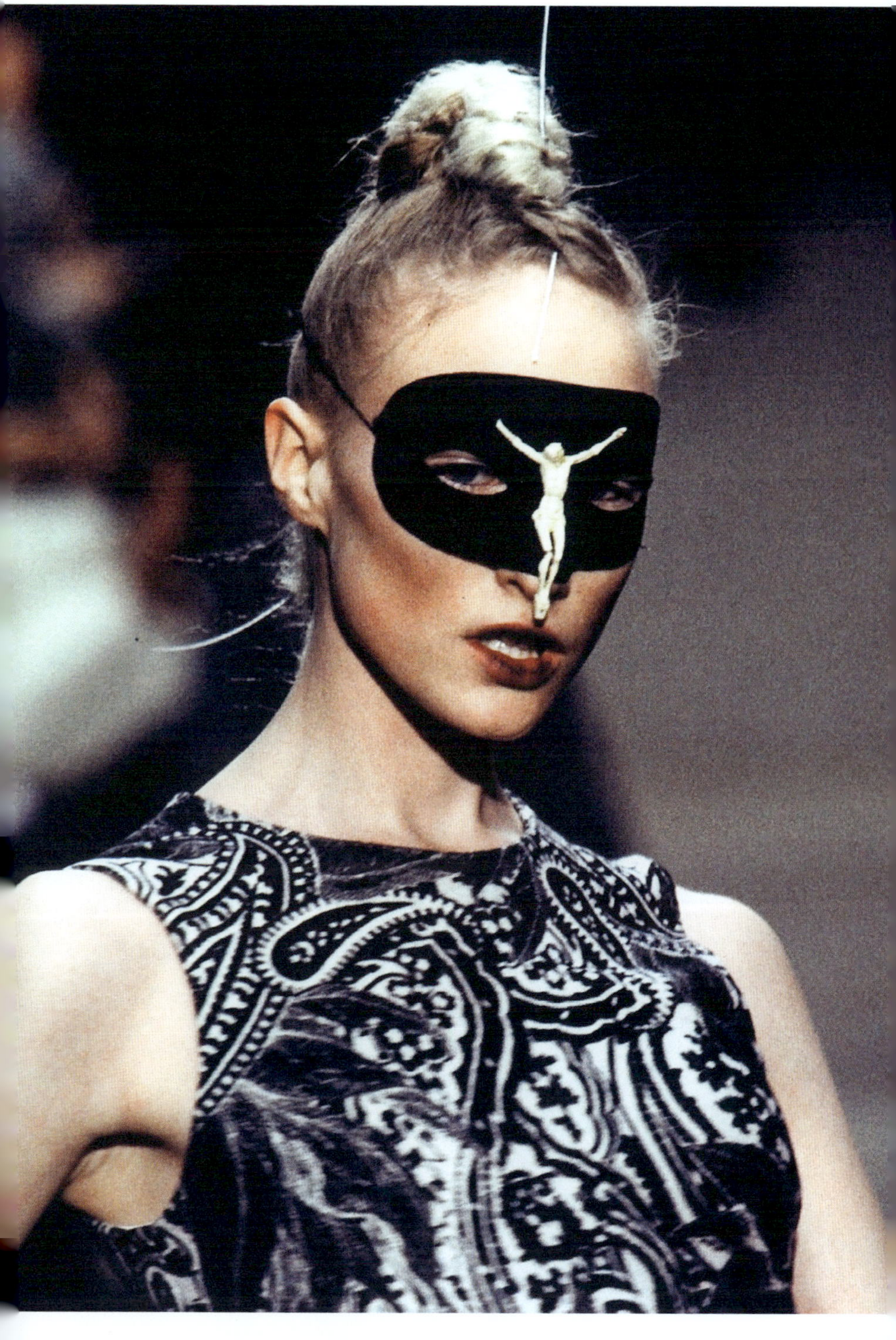

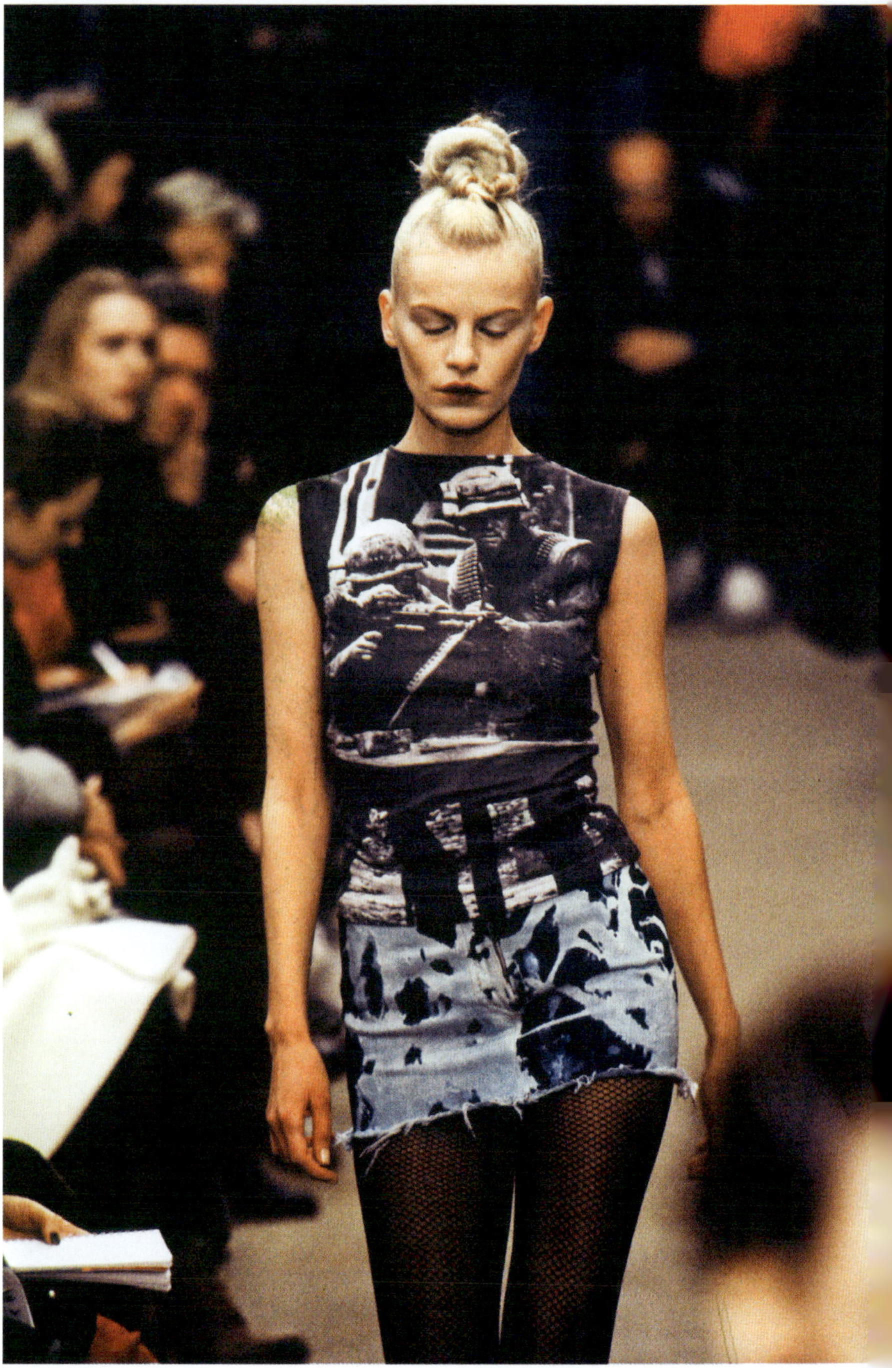

← 麦昆的"但丁"系列，服装上印着来自唐·麦库宁的越南战地摄影图片。

史中提取素材，麦昆运用强烈的视觉呈现，对暴力进行了描述。同时，他也将时尚卷入了当代艺术中关于所有权和界限的激烈辩论中。尽管后来麦昆与麦库宁成了朋友，并且麦库宁追溯了使用权，但麦昆未经授权挪用越南战地摄影作品作为大衣和夹克面料印花的行为仍然发人深省，进而激发了关于知识产权，以及艺术家以创新为目的而自由使用已有视觉素材的讨论。在20世纪90年代，当杰夫·昆斯（Jeff Koons）、达米安·赫斯特（Damien Hirst）和理查德·普林斯（Richard Prince）等艺术家宣称非艺术图像是他们的创意财产时，挪用和模仿作为后现代艺术的核心手段而备受争议。麦昆对麦库宁的士兵照片的引用，让人想起安迪·沃霍尔（Andy Warhol）的车祸和电椅题材的丝网印作品。将恐怖和苦难的题材变成服装的印花，赋予它们新鲜的生命，这是艺术借鉴的核心目的。麦昆对于艺术品的致敬不仅仅是单纯的复制，而是将服装带入当前最热烈和意义非凡的关于当代艺术与现实、历史以及当下的关系中。

"对于了解麦昆品牌的人来说，我的作品中总是隐藏着潜在的信息，通常只有睿智的人才能理解我所做的一切。"

麦昆

神秘的猛禽

　　观察鸟类是麦昆的一项爱好，是他逃避现实，同时也是他了解世界的一种途径。安娜·温图尔（Anna Wintour）在麦昆的葬礼上为他致悼词时曾说，当李还是个小孩的时候，他坐在屋顶上看着鸟儿在他头顶飞翔，在伦敦东区栖息。成年后，麦昆开始痴迷于猎鹰和皮手套，这种厚重的皮手套可以保护自己免受猎鹰爪子的伤害。因此，鸟类和大自然的鬼斧神工成为他作品中永恒的元素。

　　1995年，麦昆在"群鸟"系列中向阿尔弗雷德·希区柯克感性且恐怖的视觉呈现致敬。希区柯克电影中人与自然的融合打动了麦昆，后者用羽毛和俯冲的鸟儿的剪影复刻了电影中的主要服装。在这个系列中，模特们穿着的衣服上印有轮胎印记，看起来像是公路上被撞死的鬼魂，隐喻剧中角色为生存而奋斗，艰难逃离这场荒谬经历的场景。

　　回顾麦昆作品中的鸟类神话形象：在他的动物寓言中，一件2010年的金色羽毛外套，与装饰着金线刺绣的白色衬裙相呼应，使人想起希腊神话中的"宙斯之鹰"（The Aetos Dios）。在他早前的2001年"沃斯"系列中，有更多辨识度较高的鸟类。三只鹰标本盘旋在灰色的丝绸面料上方，裙摆是由鸵鸟毛制作而成的。头饰也运用了鹰标本，环绕着盛着蓝知更鸟蛋的鸟巢，阐述了麦昆对大自然之美的追寻。

　　血腥和原始生存所带来的野性冲动是麦昆叙述现实的桥梁。对他来说，那些引起恐惧或厌恶的动物是对人类不为人知的一面的隐喻。

浪漫原始主义的离经叛道

麦昆的服装和配饰是备受追捧的。他的创作通常体现出性倒错的语言密码,他认为与性唤醒异曲同工的是传统意义上的爱与欲望。穿着麦昆服饰的女性,无论是想要表达其真诚的本质,还是想让自己看起来更复杂,都显得令人生畏且饱谙世故。就像他说的:"我希望穿着我的服装的女性是令人生畏的。"同时,他也为那些渴望恐惧力量的女性而创作。麦昆深谙极端情绪和失控之间的复杂联系。

在安德鲁·威尔逊的传记中,讲述了麦昆对萨德侯爵(Marquis de Sade)1785年的《索多玛120天》(The One Hundred and Twenty Days of Sodom)这部极端主义者最重要的文学作品的迷恋。萨德作品中的残忍与恋物癖是对酷刑和谋杀的生动描写,也成为麦昆作品中无所不在的主题,时尚历史学家卡罗琳·埃文斯(Caroline Evans)将其描述为"野蛮统治执掌者的曲库"。同样使麦昆着迷的,是恋人或是任何亲密关系的参与者之间平衡的不断变化。虽然他早期的个人创伤影响着他对性与爱的理解,但他并不认为自己对权利失衡的敏感性是病态的,相反,他称颂由此引发的情欲潜能。他设计的服装和配饰中似乎都包含了秘密钥匙。他欢迎女性展露最原始的性欲,并相信每个人的性欲都可能带来痛苦和狂喜。

→ 麦昆对模特裸露的肉体和动物皮的熟练使用表明了他与性亚文化的主观联系。

083

2002—2003年秋冬系列，麦昆推出了一款性感的黑色礼服，礼服的上衣由完全透明的薄纱制成，搭配了黑色高筒马靴。裸露的皮肤与大面积的面料对比，体现了展示与克制、约束与传递之间的张力。同年，一款皮革抹胸上衣，由精致的蕾丝和皮革拼接而成，像"呼吸控制游戏"一样限制着穿着者的呼吸。系列中还有一件系带的黑色皮夹克，带子的末端像吊带一样悬挂在中间装有拉链的皮裙上，似乎能轻而易举地得到服从者的全部忠诚。麦昆说："这些衣服必须有一些反常的味道，脆弱的浪漫中隐藏着秘密。"

"这些衣服必须有一些反常的味道，脆弱的浪漫中隐藏着秘密。"

麦昆

直面死亡的力量

死亡警示（memento mori，拉丁语直译为"记住你终将死去"）是一种多与宗教和死亡挂钩的艺术风格，讽刺的是艺术家创作的作品往往比他们自身更长寿。当一件艺术品被欣赏、珍视和保存时，它就可以代代相传，并在几十年或几百年间为人们做出贡献。死亡警示在满足观众这种深刻需求的同时，描绘了死亡与腐朽。这一流派的目的，以其自身永恒的相关性和传统来提醒人们，记住你只是一个凡人，记住你终将有一死。作为一个对死亡、腐朽以及生命的意义有着无尽兴趣的艺术家，麦昆被这种意象及过程所吸引，他期望复兴或融入这个风格。麦昆在他的经典作品中参考了死亡警示风格的标志性题材，并创造了沙漏廓形的服装，这些褪色的美丽代表了我们所有日渐衰弱的活力。

对死亡的沉思不仅是麦昆作品的核心主题，更是他的主要愿景。他将人类的头发，有时候是他自己的头发，缝进他早期作品的内衬中，是一种纪念开膛手杰克的受害者的方式，也是他向死而生的意识。麦昆将装了发丝的小塑料袋作为他服装的标签，这种做法是维多利亚时代传统的一部分。现在有越来越多的人追随并唤起了维多利亚时代对戒指、吊坠和其他纪念品的流行，包括已故的爱人或孩子的头发用黄金或者珍珠镶嵌在玻璃中。一件出自麦昆"但丁"系列的金色织锦印花夹克，作品中也包含了头发元素。他曾说："服装和珠宝应该是令人惊喜且独特的。"

→ 来自麦昆 2010 年"柏拉图的亚特兰蒂斯"系列的彩虹色反光的犰狳高跟鞋，平均高度为 30 厘米。由木头雕刻而成的犰狳鞋，将模特带入超自然的幻象中——如同人类回归自然。

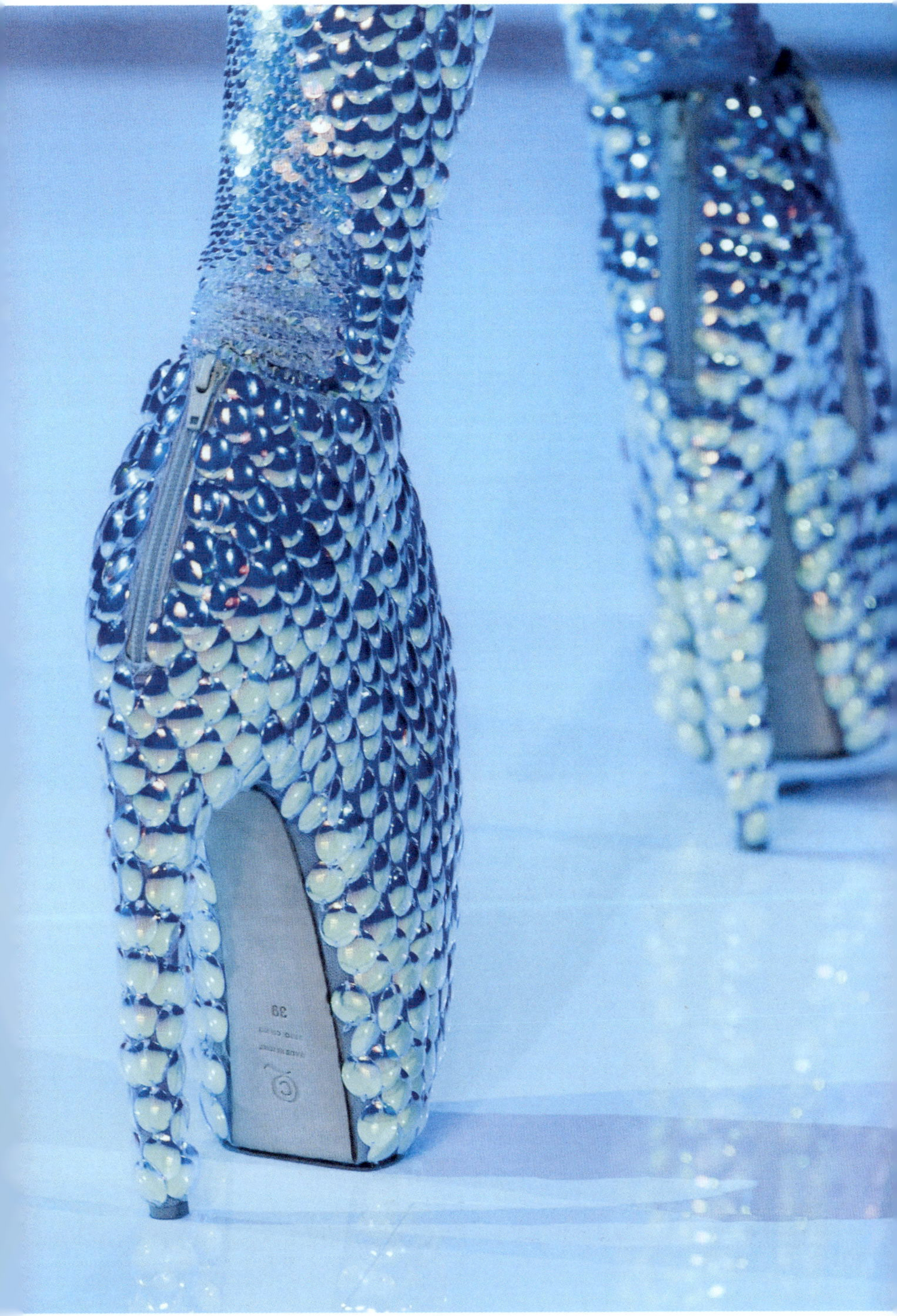

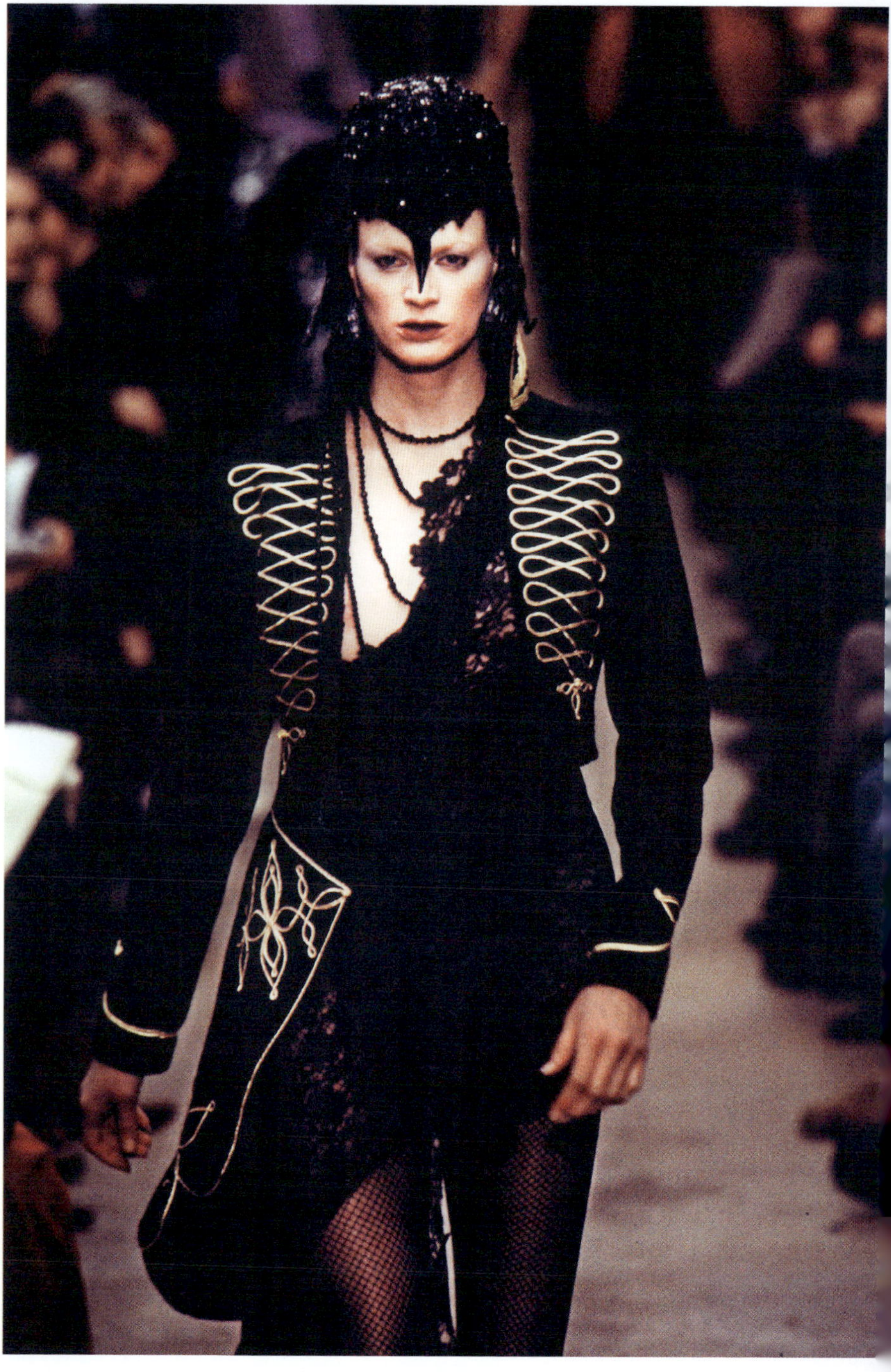

← 克里斯滕·麦克梅纳米（Kristen McMenamy）身穿一件绣着金线的老旧黑色羊毛大衣，体现了麦昆的魅影般的时尚。

"服装和珠宝应该是令人惊喜且独特的。"

麦昆

麦昆的经典作品包含了16世纪虚空派（Vanitas）画作中的大部分象征符号，这一流派为西方的死亡警示艺术建立了基础。骷髅头骨、蝴蝶、火焰、花朵都是这一流派的核心元素——每一种都象征着强烈但转瞬即逝的存在。骷髅头骨元素是麦昆最著名的元素，他在服装印花、T台装置和配饰中都始终如一地使用着——它在高级或是大众市场环境下都适用。花卉是他另一个重要主题。在他生前展出的最后一个系列，2010年春夏"柏拉图的亚特兰蒂斯"（Plato's Atlantis）中，他的"水母裙"、裤子和犰狳鞋上的鳞片像泡沫一样闪闪发光，营造出无常的幻境。在麦昆的生命之火即将熄灭的背景下，这个系列轻松且乐观地评论了达尔文的进化论，并表达出生命起源于海洋，也终将回归于海洋。

The
Details

标志细节

标志性头骨

回顾21世纪初期最具标志性的单品，麦昆的围巾、戒指和配饰都受到了17世纪死亡警示风格及墨西哥的骷髅形象（calavera）影响。这些来自各种艺术及文化传统的启发，将生命短暂的意识带入主流时尚。

麦昆使用装饰着重金属风格头骨的指环作为手包的手柄，其中巴洛克风格镶嵌的骷髅头，眼睛由宝石做成。手包的硬壳包身则通常采用颜色鲜艳的面料或是动物皮革材质。充满力量感的手柄、奢华的材质与粗糙的亚文化含义并存，这些冲突带给麦昆的手包无限的力量感和神秘感。骷髅指环手包是充满美感的，而头骨的黑色幽默加剧了手包本身的硬朗棱角，使其拥有者无惧黑暗，勇敢前行。

麦昆围巾上简化的骷髅头骨图案似乎是微笑的，这让人想起墨西哥庆祝亡灵节（Dia de los Muertos）的民间传统。在这一传统中，人们熟知的骷髅形象可以追溯到15世纪，其中节日中的特色食物——骷髅糖，由糖压制而成，通常被制作成闪闪发光的微笑形象，并带有欢快的色彩。人们认为，这些糖做成的骷髅头骨象征着重生而不是悲伤。

麦昆的骷髅头骨符号传达着与墨西哥骷髅糖相似的概念，尽管单色的设计与墨西哥民间艺术夸张且强烈的表达方式不同，但围巾中骷髅印花与背景色的鲜明对比也暗示着灵感来源于此，同时也让人想起安迪·沃霍尔的丝网版画。这些围巾因其直白的设计、优美的

→ 麦昆将头骨这个最具标志性的象征符号融入他的经典作品中。无论是面向大众市场还是高级定制，头骨是象征着他向死而生的精神。

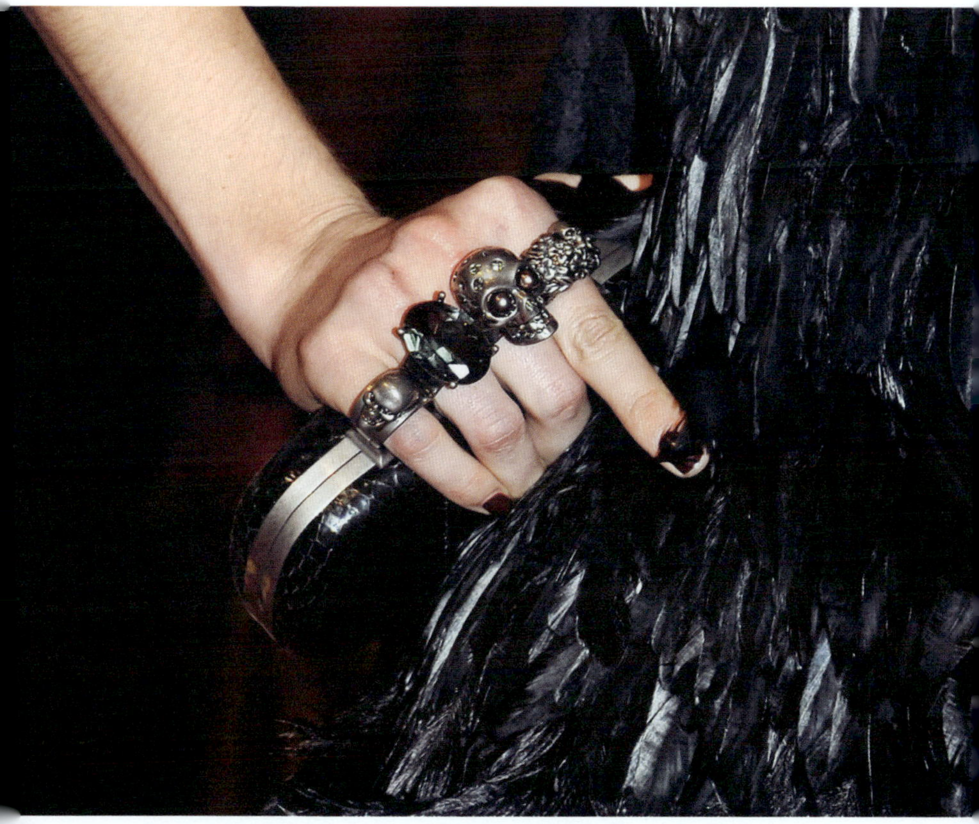

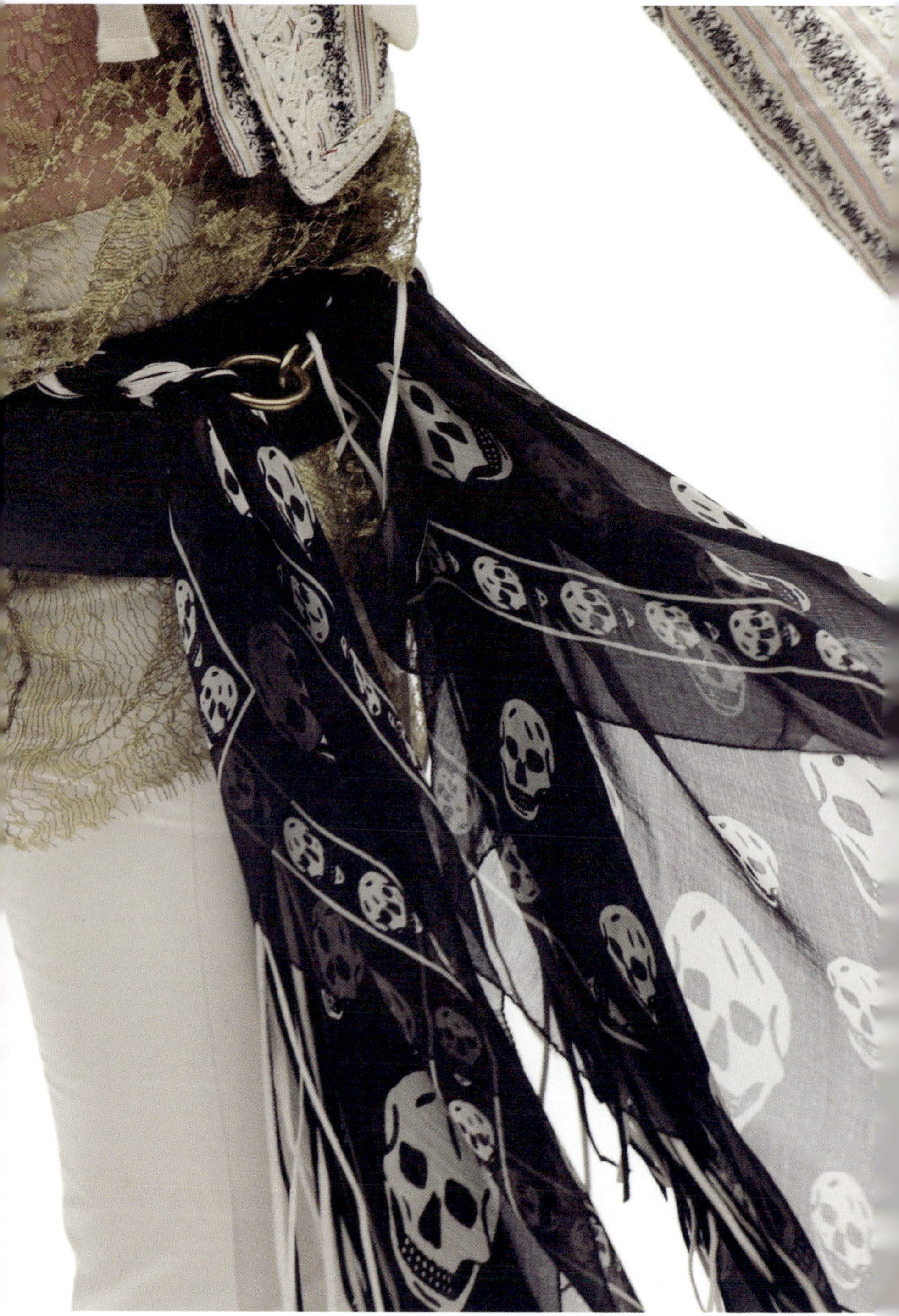

← 柔软、纤巧、轻薄且引人注目的骷髅围巾迅速成为经典,并被时尚达人们以各种方式穿搭佩戴。它的丝绸质地体现了围巾的奢华质感,也使头骨形象似幽灵般缥缈。时至今日,麦昆的骷髅围巾仍然受到广泛追捧。

线条、易于生产和可多重穿搭的佩戴方式而大受追捧。麦昆使用了薄透的丝绸材质来制作这条细长纤巧的围巾。因为贡地似薄纱一般,无论是黑色、红色、粉色还是白色的底色,飘浮在围巾上大小不一的骷髅头骨图案似乎都是半透明的。麦昆的骷髅围巾可以轻松搭配西装外套、衬衫、牛仔裤或紧身皮裤。简约的图案和造型使它能够顺利融入商务风格或是街头风格,打造出毫不费力的时尚。不同图案的设计,使其看似脆弱的柔软材质与暗含的深刻主题形成对比,体现了完整且坚韧的特性。麦昆的标志性头骨标识有着纪念与警示意义,它让死者起死回生,同时让生者意识到死亡无处不在。

脆弱的力量

蕾丝，是一种没有固定形式的织物。麦昆作品中的蕾丝通常作为服装的主要材质或用于细节的装饰。他利用了其在女性历史舞台中的复杂角色，强调并颠覆着蕾丝的历史和艺术价值。"脆弱的浪漫背后隐藏着不为人知的秘密。"他说。

蕾丝起源于15世纪的意大利，由精致的丝绸、亚麻或金线编织而成。到了16世纪，针绣蕾丝和棒槌蕾丝在家居装饰品和时尚界中逐渐流行起来，包含神职人员在内的男装和女装，都可以在领口或是袖口见到蕾丝装饰。天主教的祭服，是蕾丝在宗教仪式礼服上的首次面世，而维多利亚女王（Queen Victoria）的结婚礼服对蕾丝的运用，则将其推上了顶峰。这件婚纱由威廉·戴斯（William Dyce）为女王与阿尔伯特亲王（Prince Albert）1840年的婚礼所设计，露肩的婚纱礼服由层层的白色蕾丝与绸缎制作而成，精致、轻盈、奢华且庄重，体现了纯洁与本真的愿景。维多利亚女王的这件纯白婚纱也成了永垂不朽的时尚经典。

蕾丝通常因其精致的外表而被归属于装饰材料范畴。这种材质不能提供温暖和遮蔽，仅用来体现美，其装饰应用拥有着悠久的历史。在博物馆和古董市场上我们可以见到数百年的古老蕾丝，这些精巧的蕾丝看起来非常脆弱，但由于用于编织蕾丝的丝线富有韧性，使其可以持久地保存。这种事物看似矛盾的两面性与麦昆所阐述的核心概念一脉相承。

→ 麦昆2006—2007年"卡洛登的寡妇"系列中，一件婚纱结合了奶油色的树脂鹿角和蕾丝元素，精致与富有张力的材质组合充分体现了空灵之美。

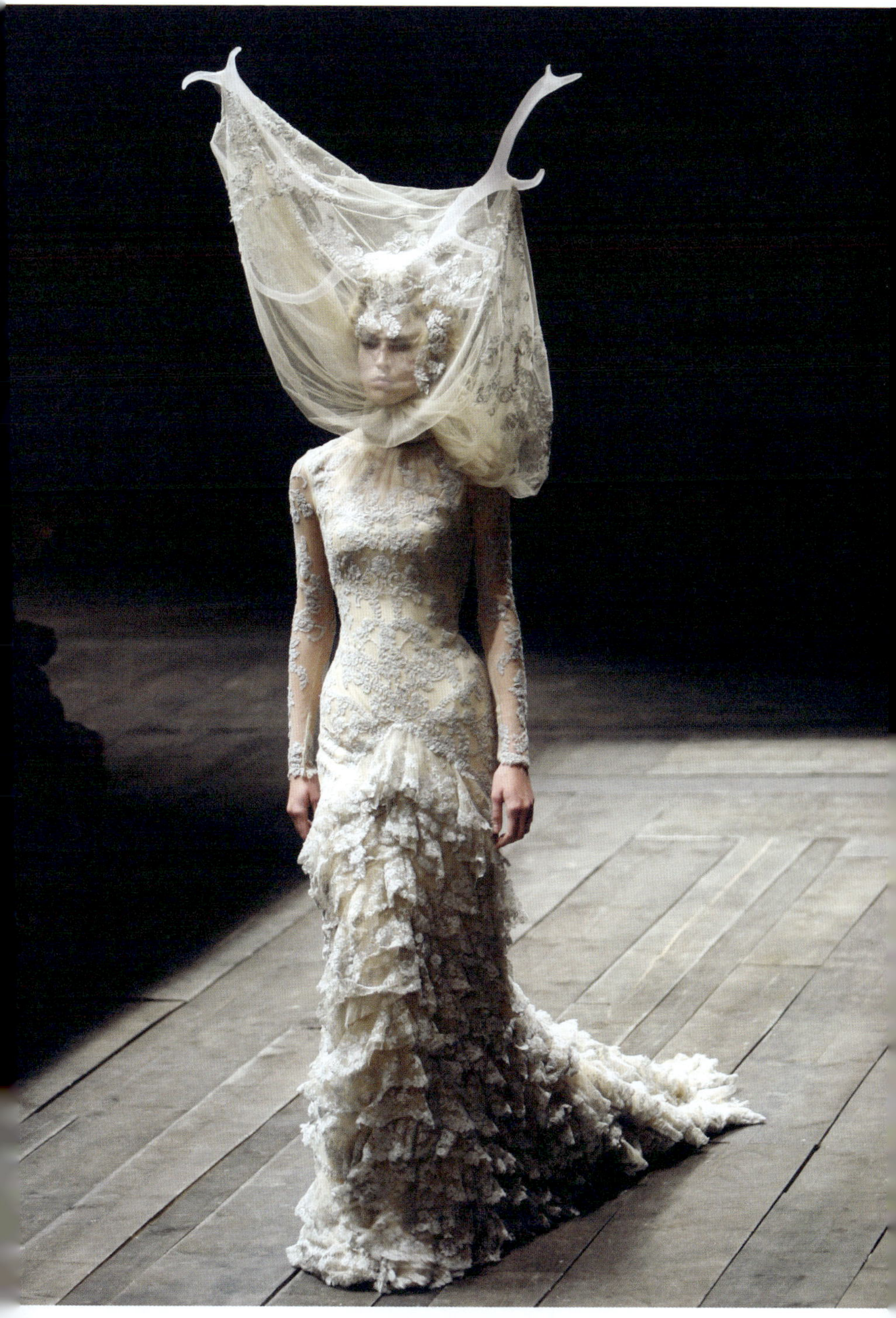

麦昆1995—1996年的"高原强暴"系列中，透明的蕾丝材质与鲜艳的格子形成了强烈对比。其中一件经典作品是一条紧身的灰色蕾丝连衣裙，用于制作服装的蕾丝面料像被毁坏了一样被剪开，露出了模特的皮肤和白色底裤。一片片破碎且精致的花朵形蕾丝像皮肤一样从她身上剥落，与设计师第一个系列的恐怖主题相呼应。在后来的设计中，麦昆在他的标志性骷髅手柄手包上使用了蕾丝，使硬朗的金属材质与娇贵的面料碰撞出火花。在2006年的"卡洛登的寡妇"系列中，模特瑞秋·齐默尔曼（Rachel Zimmerman）戴着鹿角头饰，身着丝绸蕾丝婚纱亮相。这件礼服是一场麦昆与传统婚纱的对话，所运用的蕾丝将胸衣与袖子完全覆盖，裙摆由奶油色的蕾丝与丝绸层叠缝制而成，轻盈且瞩目，经久不衰。

"脆弱的浪漫背后
隐藏着不为人知的秘密。"

麦昆

柔软的触感

天鹅绒的高贵与颓废质感成就了麦昆。他对天鹅绒的使用结合了对材质质感的赞赏和对其历史象征意义的讽刺。一双绣着麦昆标志性骷髅头骨图案的天鹅绒拖鞋阐述了他的品牌理念——具有自我意识的奢华。

纵观其历史,天鹅绒在时尚和室内装饰领域都具有奢华的内涵。天鹅绒因其柔软的触感和丰富的色调而成为一种迷人材质。这种材质由织物表面构成的绒圈或绒毛结构定义,成分可以是天然材质或是合成纤维,其密集且切割整齐的绒毛使天鹅绒拥有像动物的皮肤或野生花朵的表层一般的独特触感与反光光泽。经过染色,天鹅绒所呈现出的颜色通常比其他材质更加浓重和多变,其中蓝色和红色天鹅绒尤为华丽。

麦昆利用天鹅绒的历史来阐述它强烈的性感。研究表明,天鹅绒起源于公元前221年至公元前206年左右的中国,在12世纪随着丝绸之路来到西方。自西方文艺复兴以来,天鹅绒一直与教会礼服和皇室紧密相关。工业革命期间,机械生产的天鹅绒被用于家居装饰和时尚领域。随后到了20世纪20年代,天鹅绒材质的披肩和连衣裙广泛流行起来。天鹅绒也是20世纪60年代反主流文化的主打材质。而在80年代和90年代,大众市场更青睐于更柔软的天鹅绒——这种天鹅绒是通过在湿电子化学品的作用下捻制原始织物,从而产生一种独特的柔软且有光泽的材质。

在麦昆的作品中,他充分利用了天鹅绒的光学和触觉特性。他在2008—

→ 在麦昆 2008—2009 年"住在树上的女孩"系列中,他将天鹅绒与象牙色真丝网纱材质进行了结合,这是麦昆在保留面料的历史性的基础上进行的现代化改造。

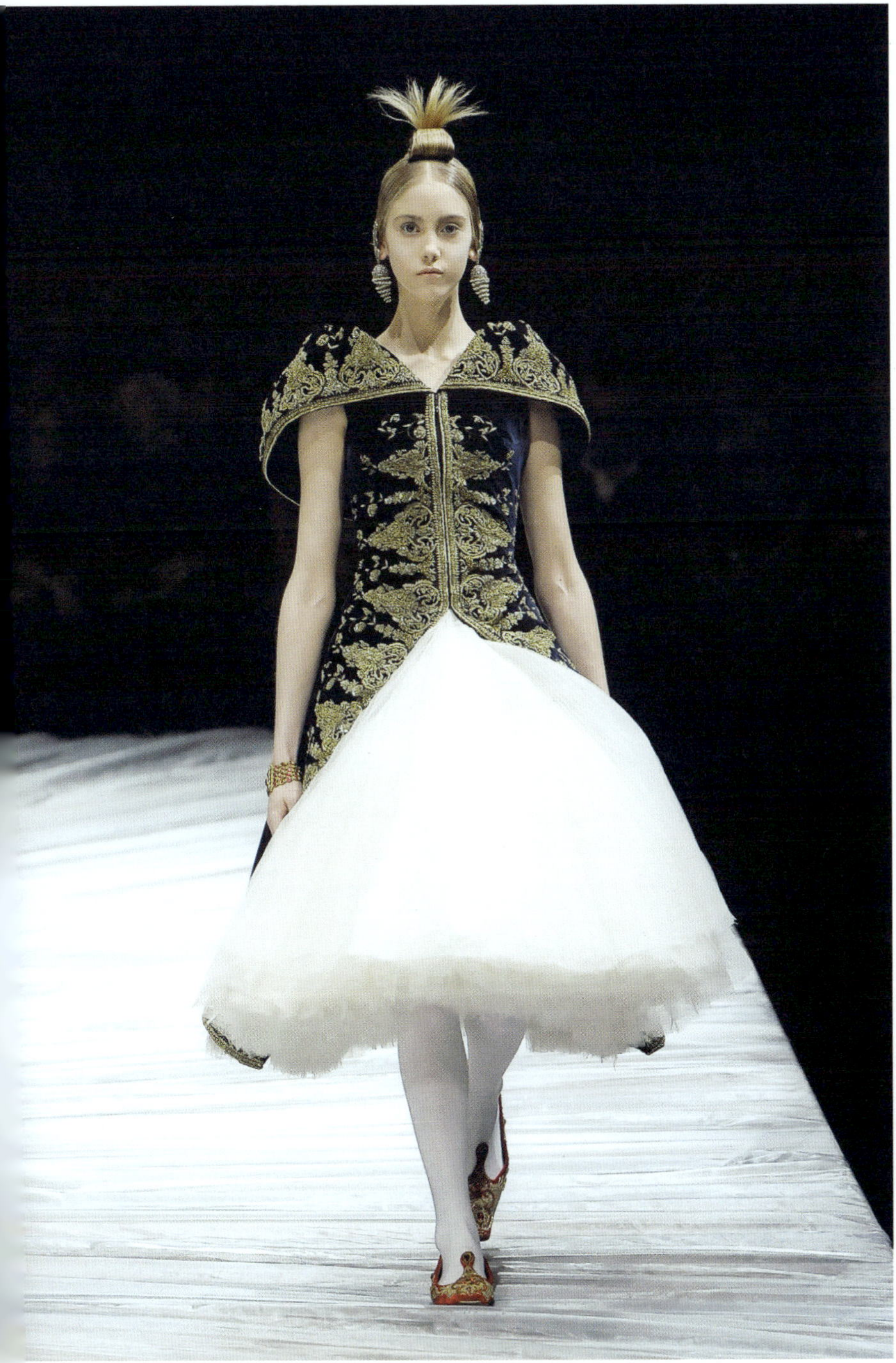

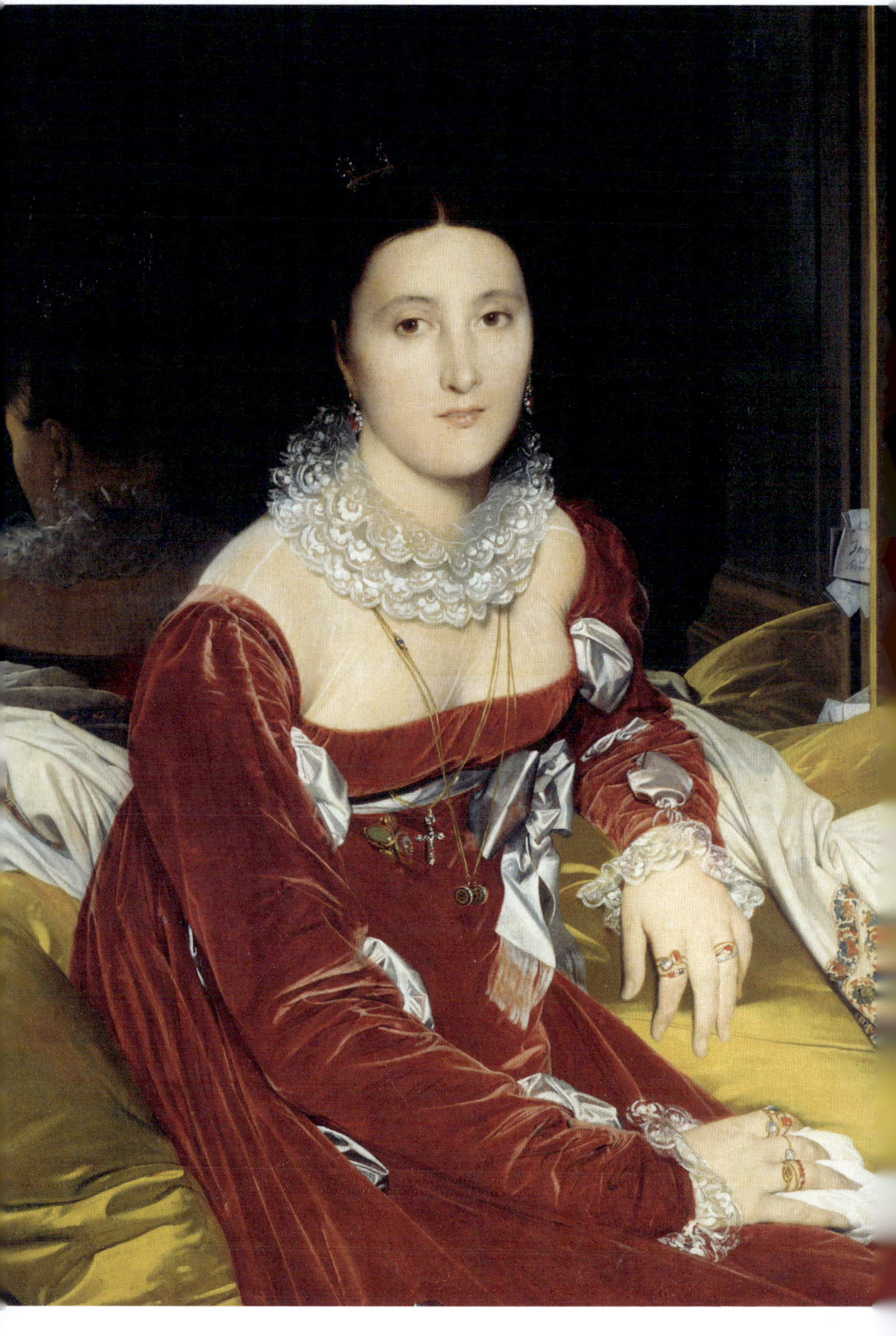

← 让-奥古斯特-多米尼克·安格尔（Jean-Auguste-Dominique Ingres）于1813年创作的《赛诺勒夫人肖像》（*Portrait of Madame de Senonnes*）中体现了天鹅绒面料的华丽与性感。

> "这个世界需要幻想。"
>
> 麦昆

2009年秋冬"住在树上的女孩"（The Girl Who Lived in a Tree）系列中，设计了一件织金装饰的天鹅绒斗篷。紧身的版型和浓郁的黑色使人联想到18世纪的油画，反映了天鹅绒在欧洲传统中的奢华地位。同系列中对天鹅绒的应用还有一件袖子开衩的上衣，由象牙色堆叠的像云朵般的网纱与装饰着金色刺绣的红色天鹅绒材质结合，裙子由垂坠的网纱做成。另一件与它造型相似的裙子，搭配了拿破仑黑色天鹅绒夹克和金色紧身裤。2001年，娜塔莎·波莉（Natasha Poly）演绎了一件高腰格子连衣裙搭配红色天鹅绒植绒打底。这件打底的花形看上去像伤疤一样，充分展示了麦昆运用材质来描述美感与悲剧的独特能力。

野性之美

麦昆曾说："动物令我着迷，你可以从它们身上找到一种力量、一种能量、一种恐惧，这些也同样存在于性中。"动物皮和皮毛材质一直是麦昆创作的重要组成部分，在运用真皮材质时，他一直致力于原材料源头的透明化，并经常将动物图案印花融入他的设计中。

印花，尤其是豹纹印花，在时尚花纹中占有奇特的一席之地。约翰·沃特斯（John Waters），一位被称为"恶趣味之父"的艺术家和电影导演，使用豹纹作为他的书《震撼力：关于坏品位的品位之书》（Shock Value: A Tasteful Book About Bad Taste）的封面，用于显示其夸张的吸引力。20世纪50年代，身着豹纹的电影明星大多是蛇蝎美人或叛逆的性感女郎，这时的豹纹象征着奢华的意味。20世纪60年代，从杰奎琳·肯尼迪（Jackie Kennedy）穿着由奥莱格·卡西尼（Oleg Cassini）设计的豹纹大衣，到鲍勃·迪伦（Bob Dylan）纪念伊迪·塞奇威克（Edie Sedgwick）所作歌曲中的"豹纹药盒帽"，豹纹图案跨越了文化意识，被文化名人所穿戴。到了70年代，豹纹已经与女性解放话题联系在了一起，例如狗仔拍摄的黛安·冯芙丝汀宝（Diane Von Furstenberg）身着豹纹裹身裙与安迪·沃霍尔聊天的照片。但在主流媒体中，它与强势的女性魅力相关。

豹纹或许比其他图案更能体现社会对性和女性魅力的态度。对豹纹的抵制或支持，与排斥或弘扬女性魅力的文

→ 麦昆 2005—2006 年秋冬成衣系列唤醒了好莱坞与豹纹的魅力。

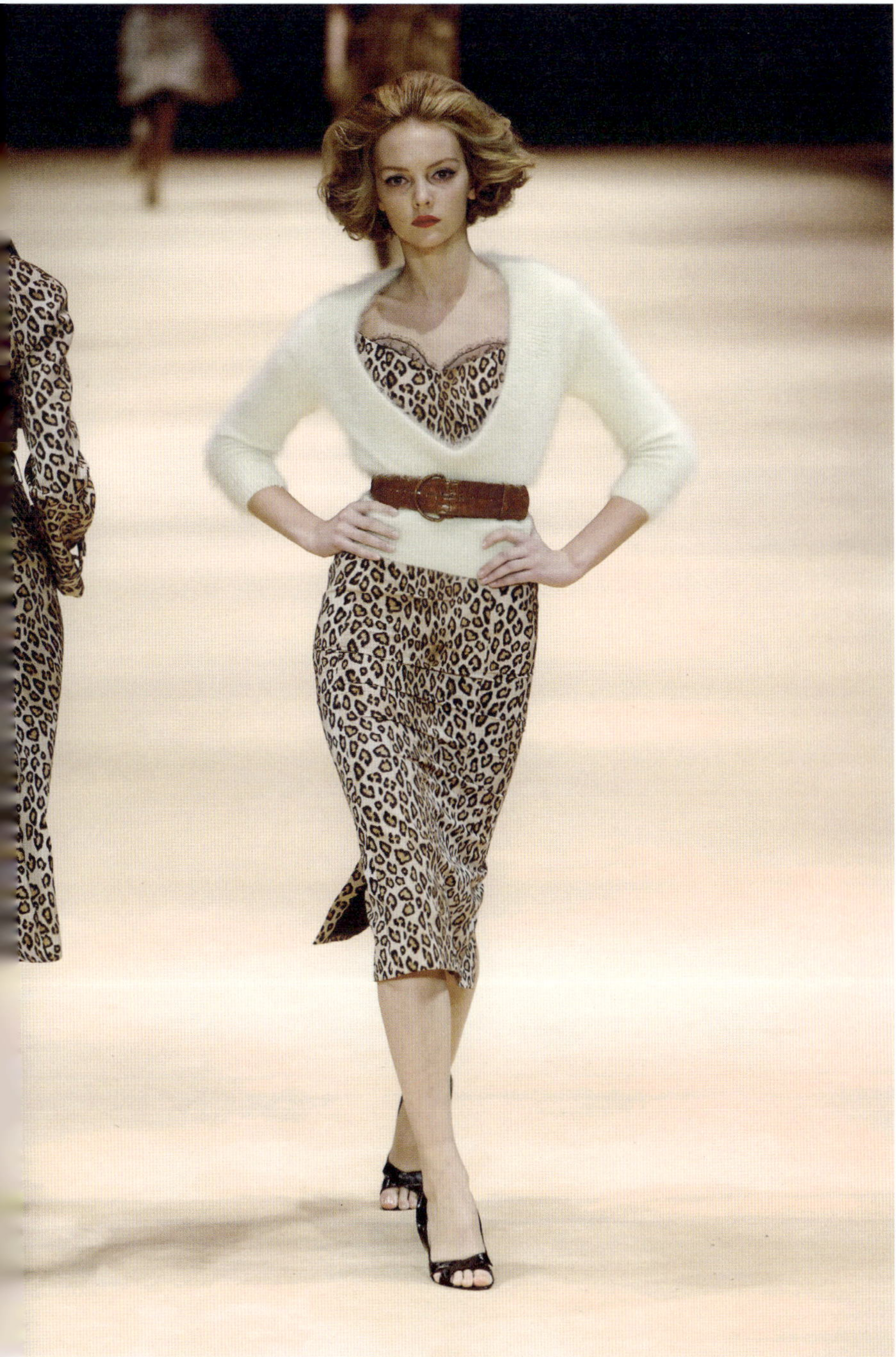

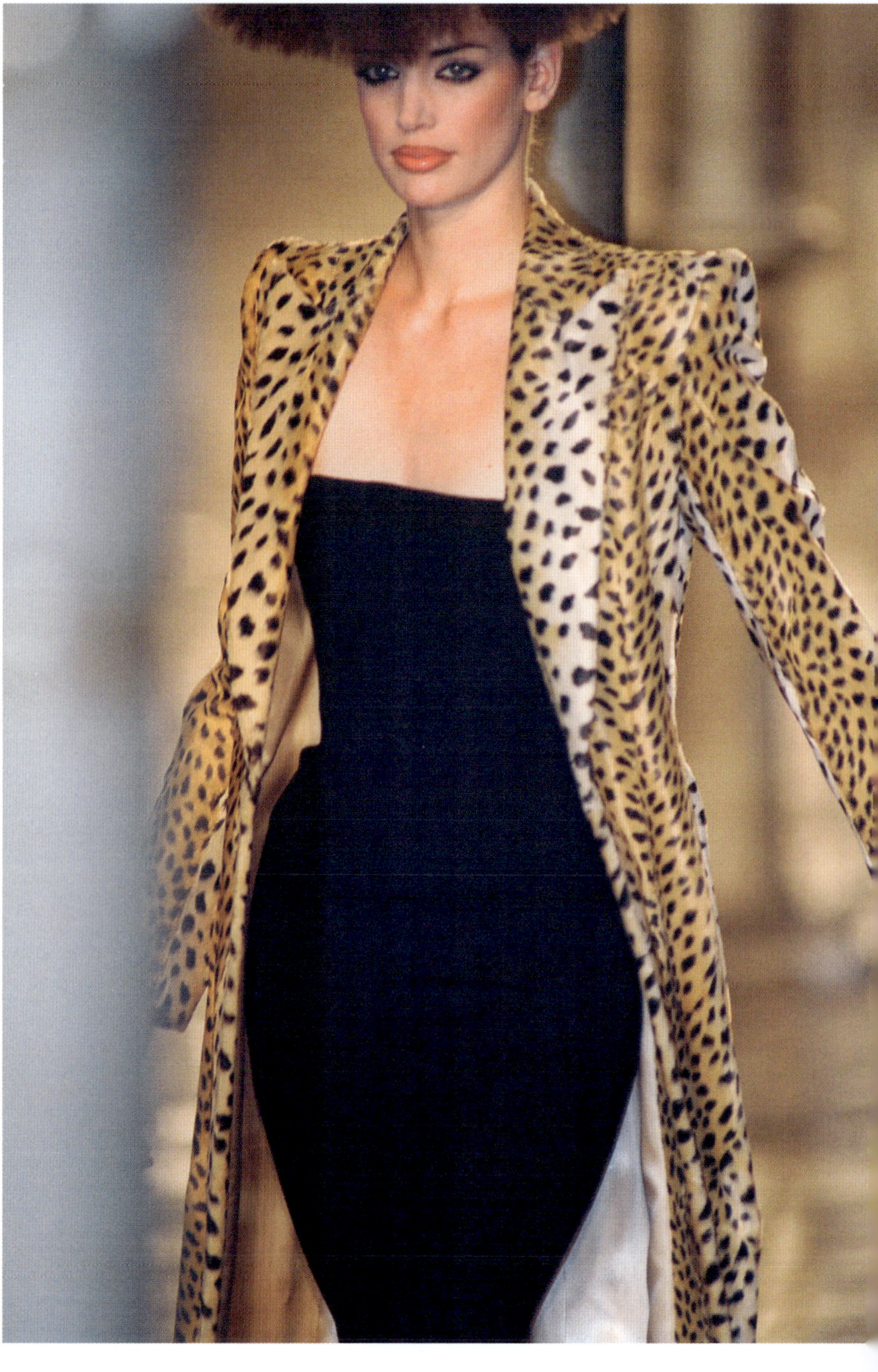

← 对于老牌时装屋纪梵希,麦昆为其打造了锋利、经典与极致的细节。他在纪梵希风格的框架里使用豹纹元素来彰显自己野性的本性。

> "动物令我着迷,
> 你可以从它们身上找到
> 一种力量、一种能量、
> 一种恐惧,这些也同样存在于性中。"
>
> 麦昆

化息息相关。在英语中,猫科动物常常与性感的女性联系在一起,所以穿着从肉食性猫科动物身上提取的图案,对于男性与缺乏自信的女性来说是令人生畏的。

麦昆为纪梵希1997—1998年秋冬设计的系列中,有一件宽肩豹纹及地印花大衣,彰显了穿着者强烈的女性权威。

在麦昆的2005—2006年秋冬"擒凶记"系列中,T台上模特穿着豹纹连衣裙,搭配蓬松白毛衣和棕色腰带,气场强大,步履生风,代表了20世纪50年代女性反叛意识的觉醒。在同一个系列中,另一位金发模特身着豹纹铅笔裙与棕褐色毛衣,这套造型将她自身的欲望与激发他人的欲望与畏惧的能力展现无遗。

第二层皮肤

皮革可以说是麦昆用于展示对性、生存和复杂人性的心理写照最天然的材质。作为一种通过生物的死亡而获得的材质，皮革是死亡永恒的纪念品。这种象征黑暗与韧性的材质，具有极强的可塑性与耐用的特质。《Vogue》曾宣称："如果心中没有一两个恶魔的种子，就不是麦昆的常规。"

麦昆1998年系列中有两件拉链连衣裙，其中的一件紧身皮革连衣裙在胸部安装了拉链，可以自由打开或关闭；另一件连衣裙的拉链从衣领一直延伸到大腿，可以快速地穿脱。这些服装的皮革材质有着如第二层皮肤般的光滑与光泽感。

在2003年春夏"树鸭"（Irere）系列中，麦昆设计了一件黑色皮革紧身胸衣连衣裙，皮革的抹胸式上衣与蕾丝裙子似乎像一双手一样紧紧地握着穿着者的身体。在2005年春夏"游戏而已"（It's Only A Game）系列中，一件淡紫色皮革套头连衣裙，用皮革做出了乳头和肚脐的形状，并在奶油色马毛衬裙的衬托下突出了臀部，显得格外性感。麦昆设计的皮革作品总是给人带来危险的印象，并且能够准确地引导人们进入恋物癖的场景。在麦昆手中，皮革就是第二层皮肤，贴身的皮革服装能使穿着者更敏锐地感知周围世界。

→ 麦昆2003年"树鸭"系列中的这件连衣裙，采用了激光切割雕花技术，使皮革看起来像蕾丝一般。这件连衣裙后被伊莎贝拉·布罗购置。

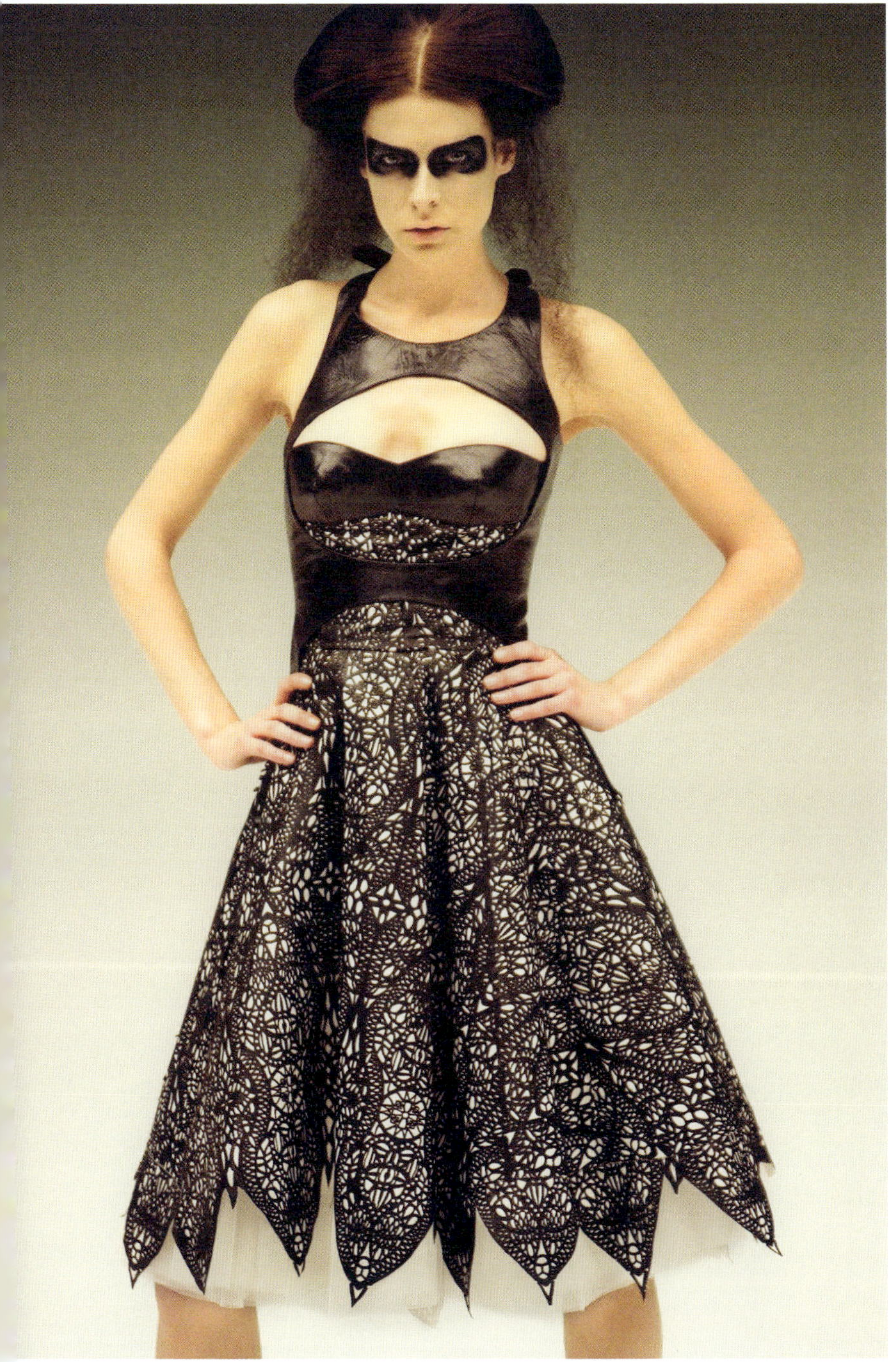

玫瑰与荆棘

从最早的系列开始,麦昆就将英国标志性的玫瑰花作为他的个人标签之一。其天鹅绒般质感的花瓣和危险的尖刺,是麦昆时尚风格的天然代名词——性感诱人、黑暗、潜在的威胁与不安。麦昆对英格兰有着矛盾且深刻的身份认同,这种关系在他的作品中被不断捆绑、拆分和剖析。玫瑰是麦昆用来平衡他与英国风之间的象征之一,同时也体现了他与死亡之间无所不在的联系。就如他所说:"我使用鲜花是因为它们会凋谢。"麦昆对玫瑰的运用是多元化的,包含了用于装饰麻布包的皮革玫瑰花,玫瑰印花图案,用于绣在丝绸上的立体玫瑰织物等。如同他作品中的其他主题一样,玫瑰也具有双面性特征,分别代表着极致的快乐和痛苦。

作为英国的国花,玫瑰也象征着年轻的英国女性,她们有着典型的高加索人的标准美貌,皮肤白皙,脸颊红润,亦被称为"英伦玫瑰"。但丁·加百利·罗塞蒂(Dante Gabriel Rossetti)1864—1868年的画作《维纳斯》(Venus Verticordia)中,亚历克萨·怀尔丁(Alexa Wilding)作为爱的女神,周围被大量的玫瑰所环绕。这幅画体现了英伦玫瑰的美学价值。麦昆在他2007年"萨拉班德舞曲"系列中,设计了一件由丝绸玫瑰和叶子装饰的裸色丝绸连衣裙,这件作品营造了与画中相似的富足景象。其生机勃勃的花朵与巴塞蒂华丽的性感截然不同,是一种盛开之外的关于爱的写实。在同系列中,他设计了一件淡紫色的丝绸礼服。这件礼服面料颜色饱和度极低,透过透明的裙子隐约可见鱼骨的结构。臀部与腰部的

→ 麦昆2007年"萨拉班德舞曲"系列中,在丝绸礼服裙中运用鲜花与织物做成的花,体现了病态与活力的复杂关系。

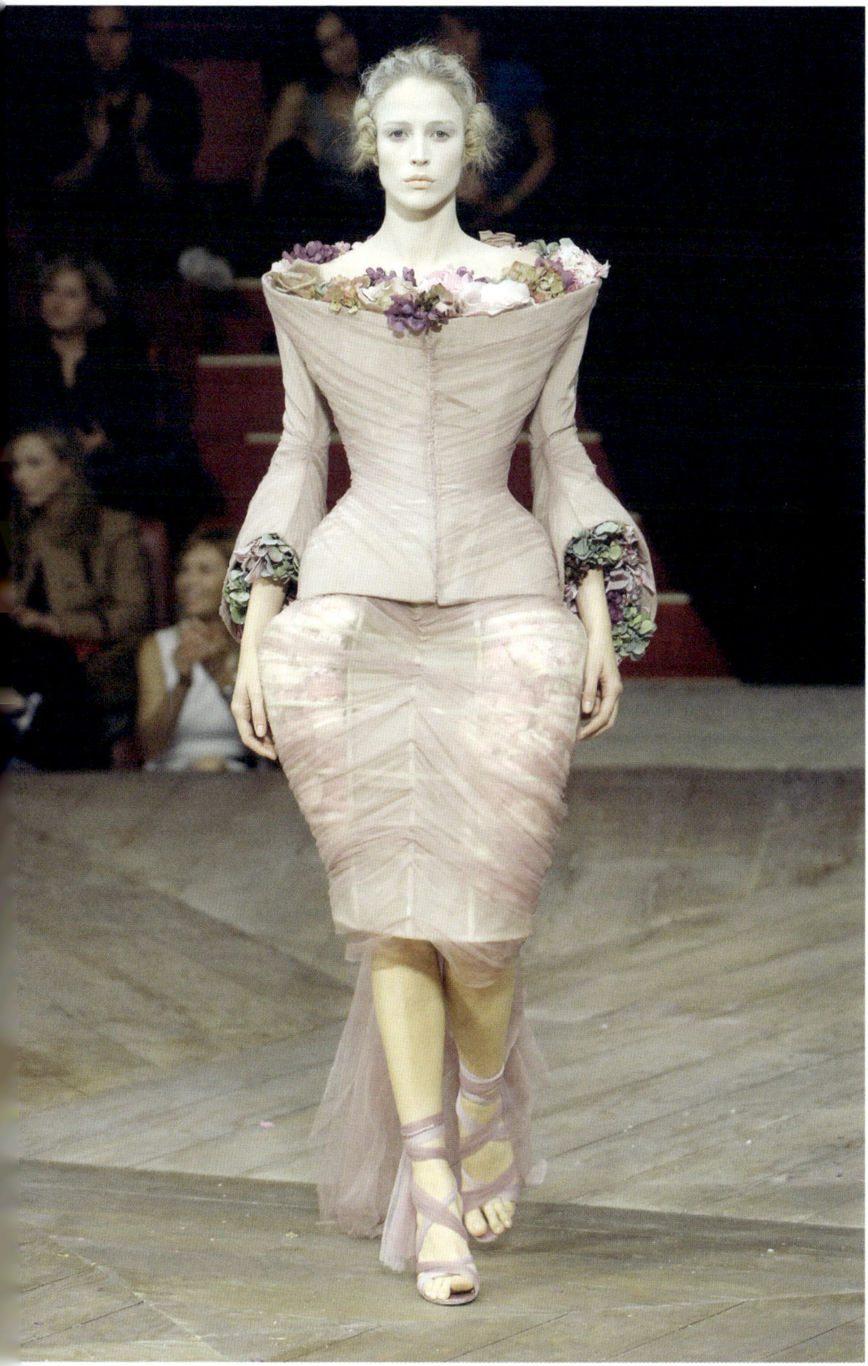

"我在忧郁中发现美。"

麦昆

← 麦昆对玫瑰的感官和其象征意义的理解来自但丁·加百利·罗塞蒂。这位拉斐尔前派（Pre-Raphaelite）画家的作品《维纳斯》传达了麦昆在其作品中所表达的危险与美的关系。

剪裁精准，形成夸张的沙漏廓形。在模特的锁骨、肩膀及手腕处都装饰着的大量织物做成的玫瑰花。模特的脸和脖子都打上了细粉，使她本人如同花束中盛开的花朵。礼服上玫瑰和紫罗兰的花朵装饰繁复锦簇，却又像是失去了色彩和活力一般。麦昆称这条裙子的色彩灵感来源于维多利亚摄影师茱莉亚·玛格丽特·卡梅隆（Julia Margaret Cameron）的手绘印花——"不是纯白色，而是脏白色"，而粉色的薄纱就像是涂在脸上的蜜粉。整体呈现出的效果与其说是可怕的，不如说是忧郁的，意味着对衰老和失去的意识觉醒，而不是直接的死亡。就像麦昆曾说的："我在忧郁中发现美。"

体积与层次

夸张是麦昆的标配,他的叛逆给时尚界带来了巨大的冲击力。《独立报》(The Independent)在他职业生涯的早期写道:"新事物带来的震撼就是如此,要么它会像简·布罗迪小姐(Miss Jean Brodies)一样让我们啧啧称奇,要么令我们感觉明显不适,不管怎样,接受就是了。"麦昆的作品中经常被讨论的是他的陈述形式与内涵,但很少有人评论、分析他在设计中使用的体量和体积所产生的影响。通常,麦昆使用大量的材料不是为了震撼观众,而是为了体现美。他对面料极具鉴赏力,并像其他天赋异禀的人和伟大的艺术家一样,将材料作为媒介,并通过作品充分展示对媒介的理解,以及他们所带来的深刻的感官联系。

在他的1999年春夏"第十三"(No.13)系列中,喷墨机器人将一条本质为画布的连衣裙变成了艺术品,这个行动绘画作品成为时尚界在20世纪末最有意义的创举。模特莎洛姆·哈罗运用她的芭蕾舞功底,身穿这条连衣裙,表演了一场舞蹈狂想曲,将焦虑与紧张体现得淋漓尽致。这件不寻常的连衣裙,胸部系着皮带,裙长一直延伸到模特的小腿,呈巨大的金字塔形。喷墨机器人与旋转的哈罗一起完成了这幅绘画作品,裙子本身则像是绽放了一般,绿色和黑色涂料使其从原始的白棉布和丝绸重生为杰克逊·波洛克的后现代艺术。

在麦昆2001年秋冬"旋转木马"系列中,模特的造型似乎被人造头发所吞噬,一件由黑色闪亮面料制成的连衣裙,搭配黑色皮胸衣和银色腰带扣。剪裁极细的腰身与大量面料形成的鱼尾形裙摆形成对比,展现了令人惊讶的比例。在2003年"树鸭"系列中,麦昆发布了一件纯粹、简单且华丽的裙子。

这条裙子以天堂鸟为灵感，彩虹色层次的印花从飘逸的丝绸斗篷延伸到裙身，羽毛做成的领子衬托着模特的脸，营造出喜悦的氛围。2010年，麦昆去世后，达芙妮·吉尼斯则穿着纯黑色的飘逸斗篷，向这位她挚爱的朋友的宏伟愿景致敬，并表达了最后的敬意。

↑ 受天堂鸟灵感的启发，麦昆2003年春夏系列中的礼服使用多彩的丝绸材质呈现出华丽的羽毛效果。

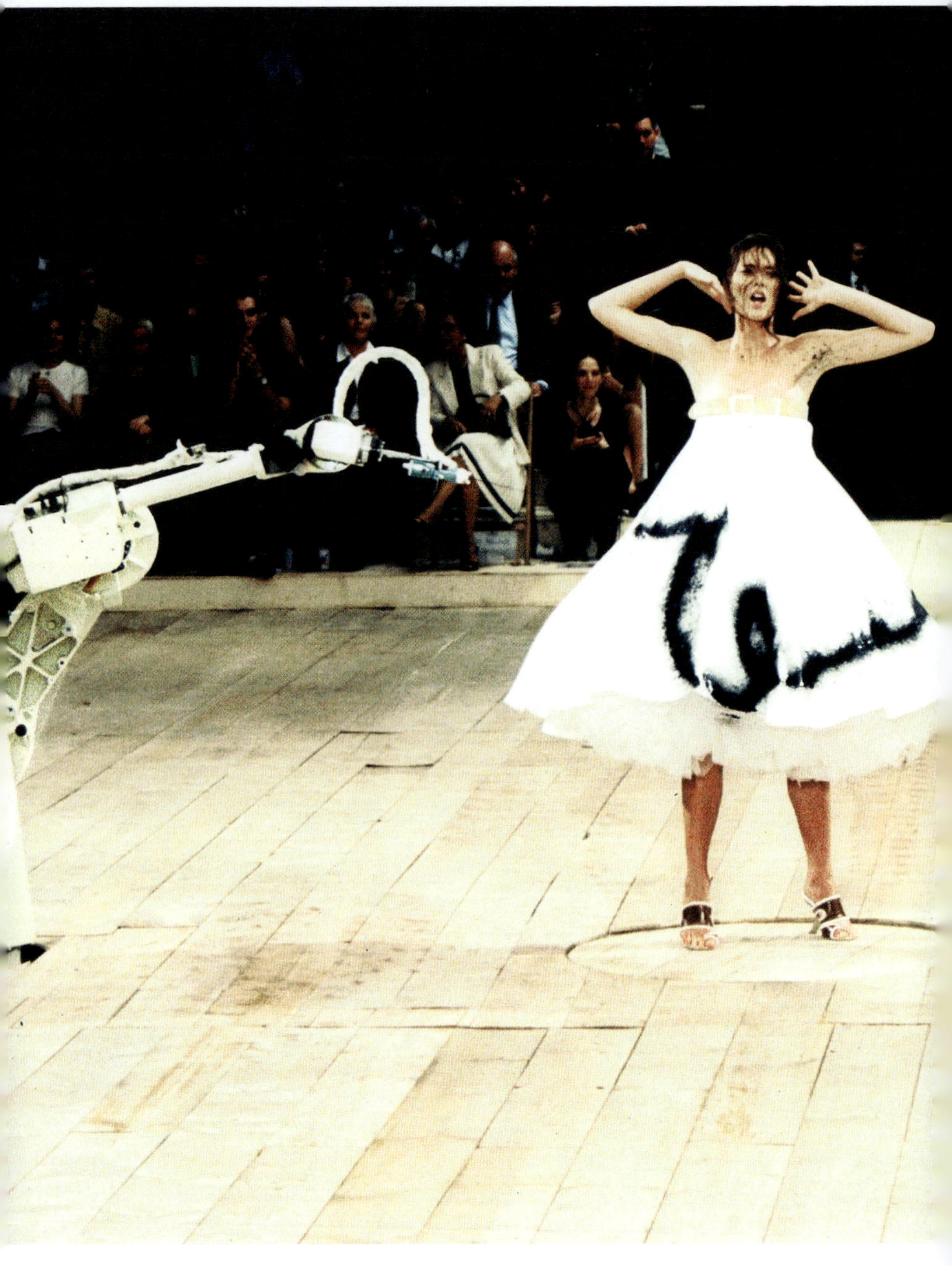

← 模特、前芭蕾舞演员莎洛姆·哈罗成为麦昆 1999 年秀场上的行为艺术装置。

红色预警

红色,这种被色彩学家们称为"极端的颜色",与麦昆有着不可分割的有机联系。在麦昆的审美和叙事表达中,始终存在着危险和死亡的思想感知,同样,麦昆也敏锐地意识到了红色的深刻内涵。麦昆对红色的拥护来源于他的个人故事,他家族的格子呢就由深红色、黑色和黄色组成,其中细细的黄色和黑色线条强化并突出了红色基调。因此,他对红色的运用也是自我展现的方式。

麦昆经常在黑色中运用红色,以此来唤醒人们对哥特形象,以及与令人震惊的暴力的联系。"我使用战争、宗教、性这些人们隐藏在脑海中,时常萦绕着我们但不被提及的东西,"麦昆说,"并且强迫人们直视它们。"

在他1997—1998年秋冬秀场上,一名模特的红色短裤在激光切割的玫瑰镂空雕花下清晰可见,它引人注目的颜色暗示着危险。在2001年"沃斯"系列中,一串鲜红的玻璃片状装饰物,像鳞片一样延伸排列在模特的脊柱上,并衔接着沾满了像是新鲜和凝固了的血液混合物的红黑色鸵鸟毛。在他早期的"开膛手杰克跟踪他的受害者"系列中,麦昆设计了一件带有黑色图案的红色双排扣礼服,图案描绘了一名谋杀案中的受害者,头发漂浮在自己的血液中的场景。在1996年春夏"千年血后"系列中,一件银色的羊毛夹克,开衩的袖子露出红色里衬,紧身的塑料上衣中间放入了死的蠕虫,搭配紧身的红色铅笔裙,将震惊转化为诱惑。

→ 艾琳·欧康纳在回顾她令人难以置信的职业生涯时告诉《Vogue》杂志,她在麦昆的"沃斯"系列中演绎的由医用载玻片与鸵鸟羽毛制成的服装,"可能是我做过的最激动人心的表演"。红色这种象征着激情与死亡的颜色,与麦昆是天作之合。

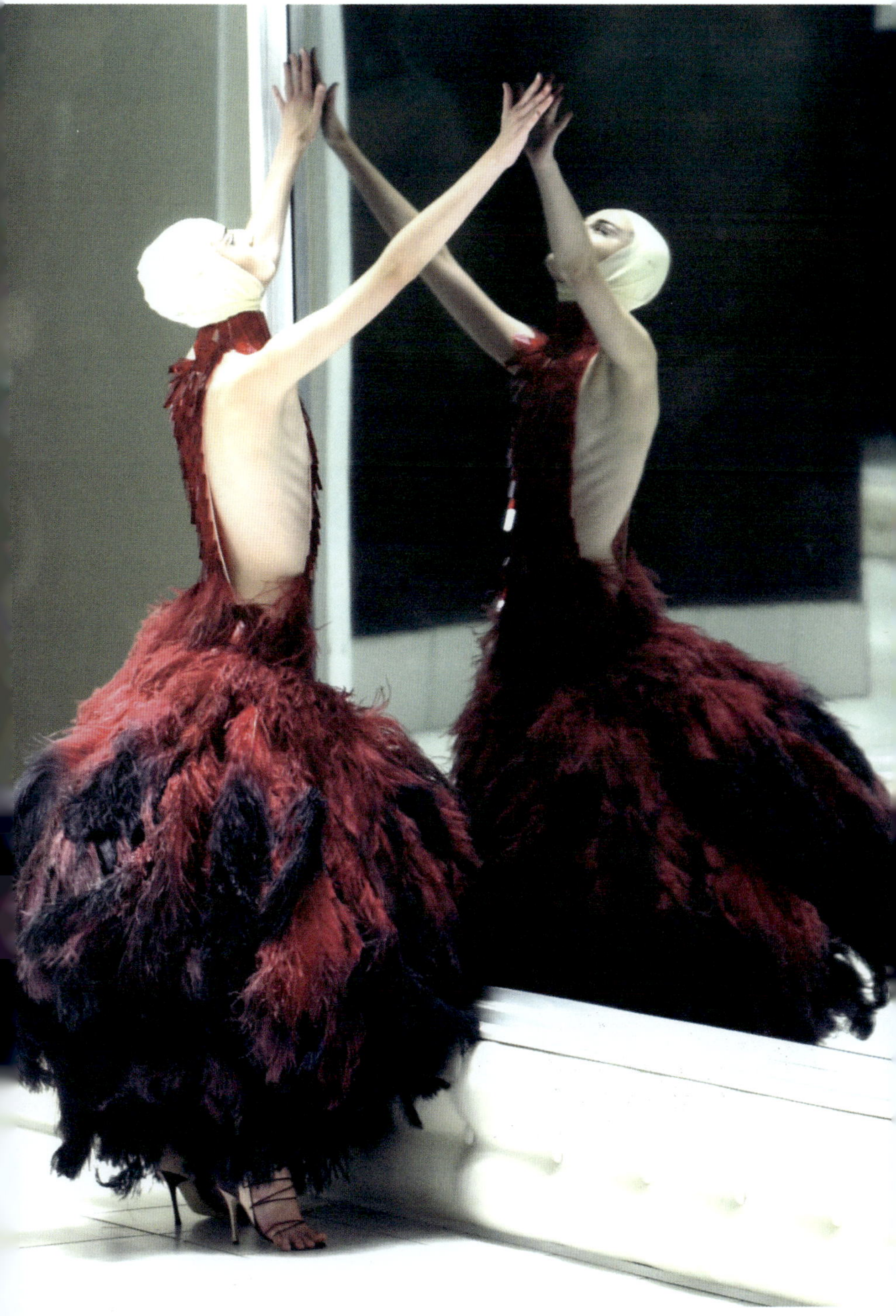

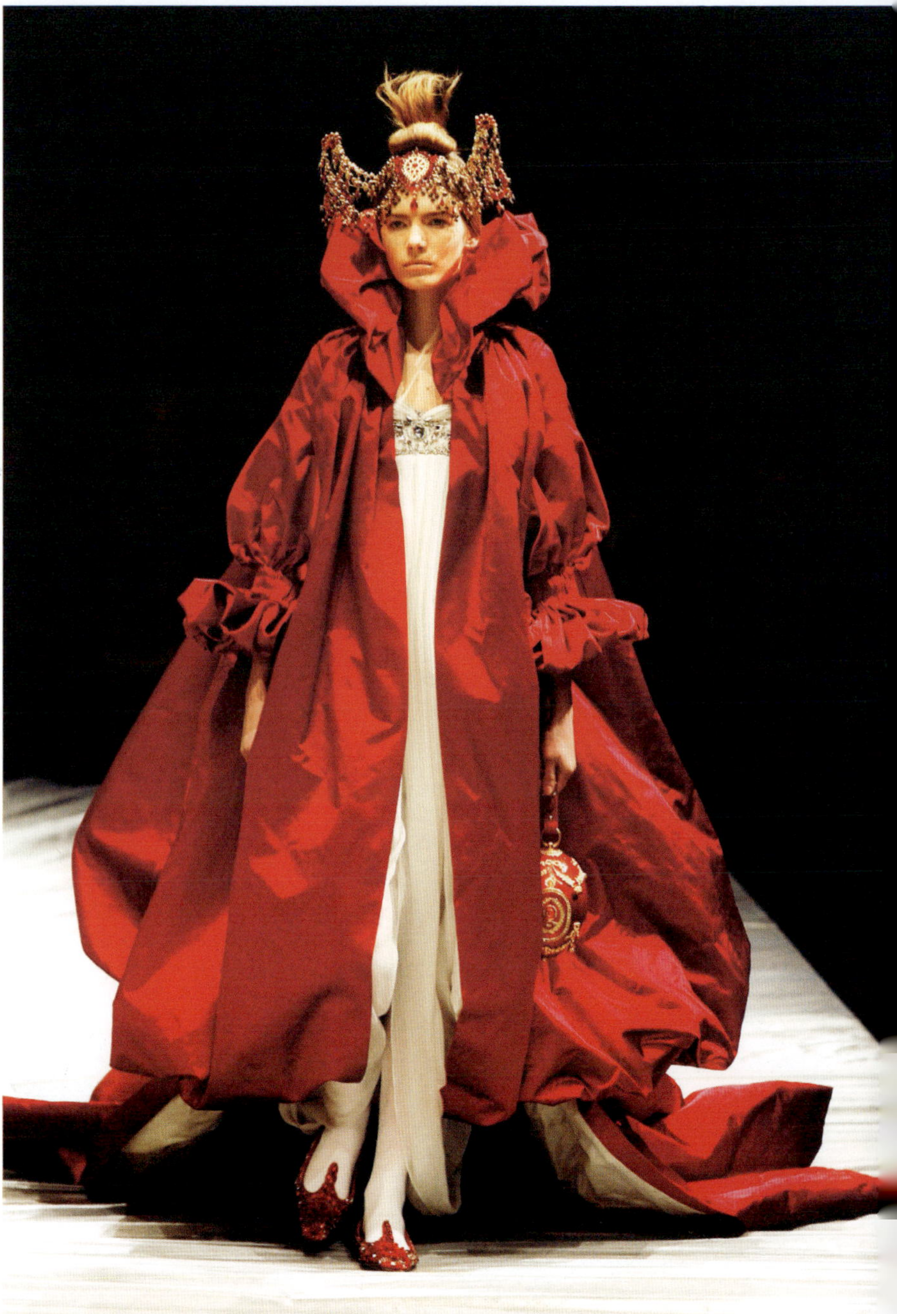

"我使用战争、宗教、性
这些人们隐藏在脑海中,
时常萦绕着我们但不被提及的东西,
并且强迫人们直视它们。"

麦昆

麦昆对红色富足象征的非凡表达,巧妙地抵消了其暗含的恐怖意味。他最令人惊叹的红色代表作是2008—2009年"住在树上的女孩"系列中达芙妮·吉尼斯的造型。一件巨大的红色丝绸斗篷下,搭配了一件珠宝刺绣的白色高腰礼服。在袖子与领口处,运用了手风琴褶皱结构,使领口的位置像盛开的花瓣般衬托着模特的脸颊。下摆长长的拖尾在脚踝处聚集在一起,其浓郁的深红色华丽得无与伦比。模特的手中提着一个红色皮带柄的喷漆手包,包身由红色和金色装饰而成,如同一个大号的法贝热彩蛋。

← 一件象牙白的丝绸连衣裙外面罩着鲜红色的外套,是麦昆2008—2009年"住在树上的女孩"系列中戏剧性的奇观。

装饰艺术

在麦昆主导时尚的20世纪90年代和21世纪初，传统的手工艺作品在T台上几乎荡然无存。定义90年代的设计师，如赫尔穆特·朗和卡尔文·克莱恩，都是极少使用色彩的极简主义者。那时，黑色是设计师和他们的追随者的标准，大胆的彩色色块用于常见的视觉装置，所有的装饰形式都是极其罕见的。麦昆和约翰·加利亚诺是为数不多的尊崇手工艺、复兴历史廓形和工艺技术的设计师。刺绣，作为一种独特的、历史悠久的装饰方法，与先进的印染、造型、剪裁技术一齐成为麦昆T台上的常客。麦昆解释说："当你看到一个女人穿着我的衣服时，你会想要更多地了解她们。对我来说，这就是优秀设计师与糟糕设计师的区别所在。"

将纱线一针一线绣在织物上，创造出令人回味的图像，这种用于装饰而不是修复目的的工艺可能一直是服装纺织的一部分。这种工艺可以追溯到更久远的年代，最早的例子出现在公元前5世纪至公元前3世纪的中国。刺绣与织造的艺术价值，通过古罗马文学，女神密涅瓦与凡人阿拉克涅的织造技艺之战，而被编入西方文化。在麦昆2003年秋冬秀场上，用天然粗麻布做的裙子，在绣上大量的花朵和树枝后变得异常华丽。

刺绣的服装、宗教物品和家居装饰品需要时间和才华来创作，因此，它们成了世界各地皇室和其他精英阶层的奢侈品，同时，也是对富裕女性的奴役。

→ 用刺绣和串珠创造出层叠的绿色植物，使麦昆跨越了时尚与可穿戴雕塑的界限。在这套2001年"沃斯"系列的作品中，他用线创造的图像，是对文化传统，以及令人惊叹的感官享受的致敬。

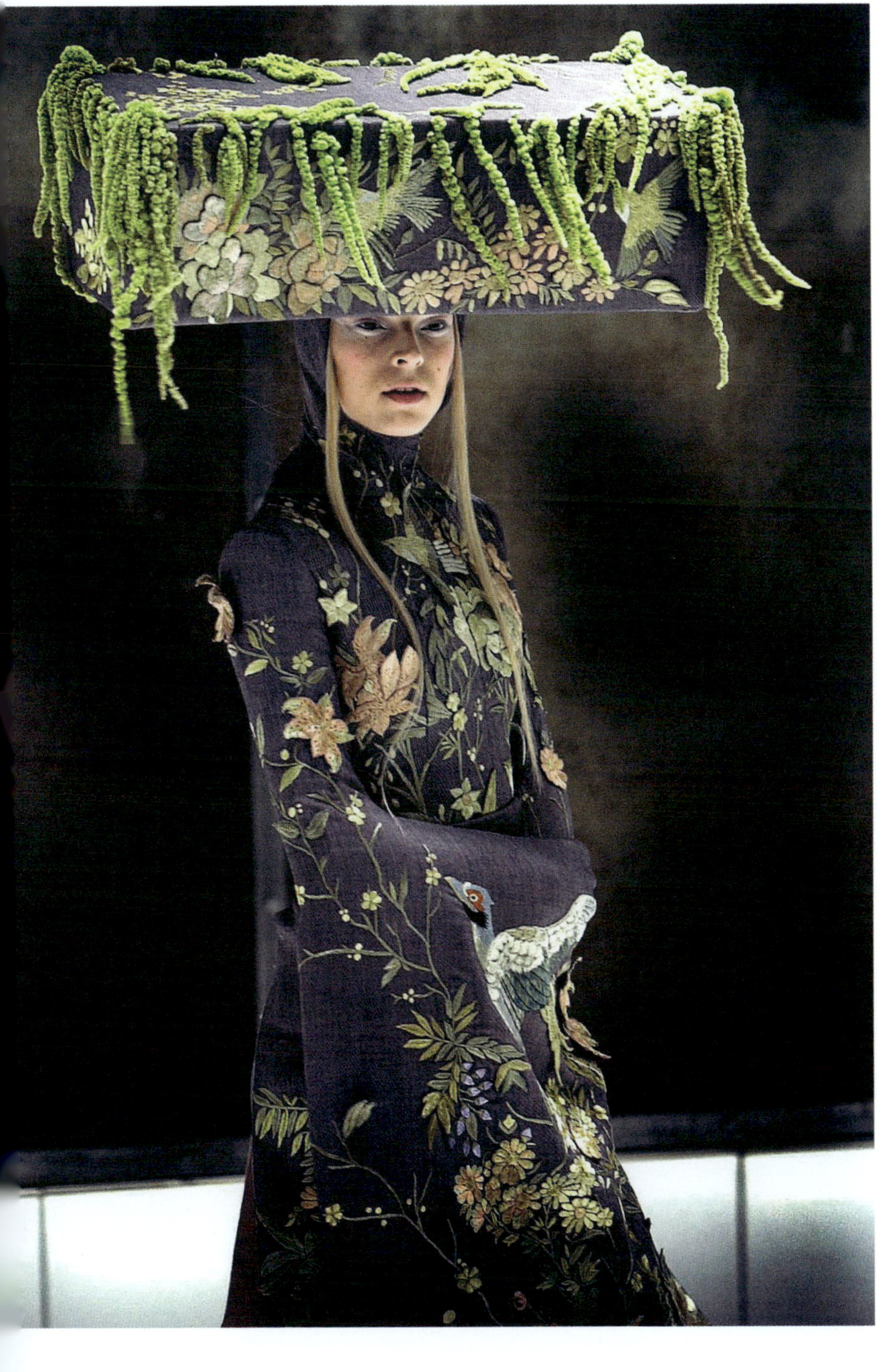

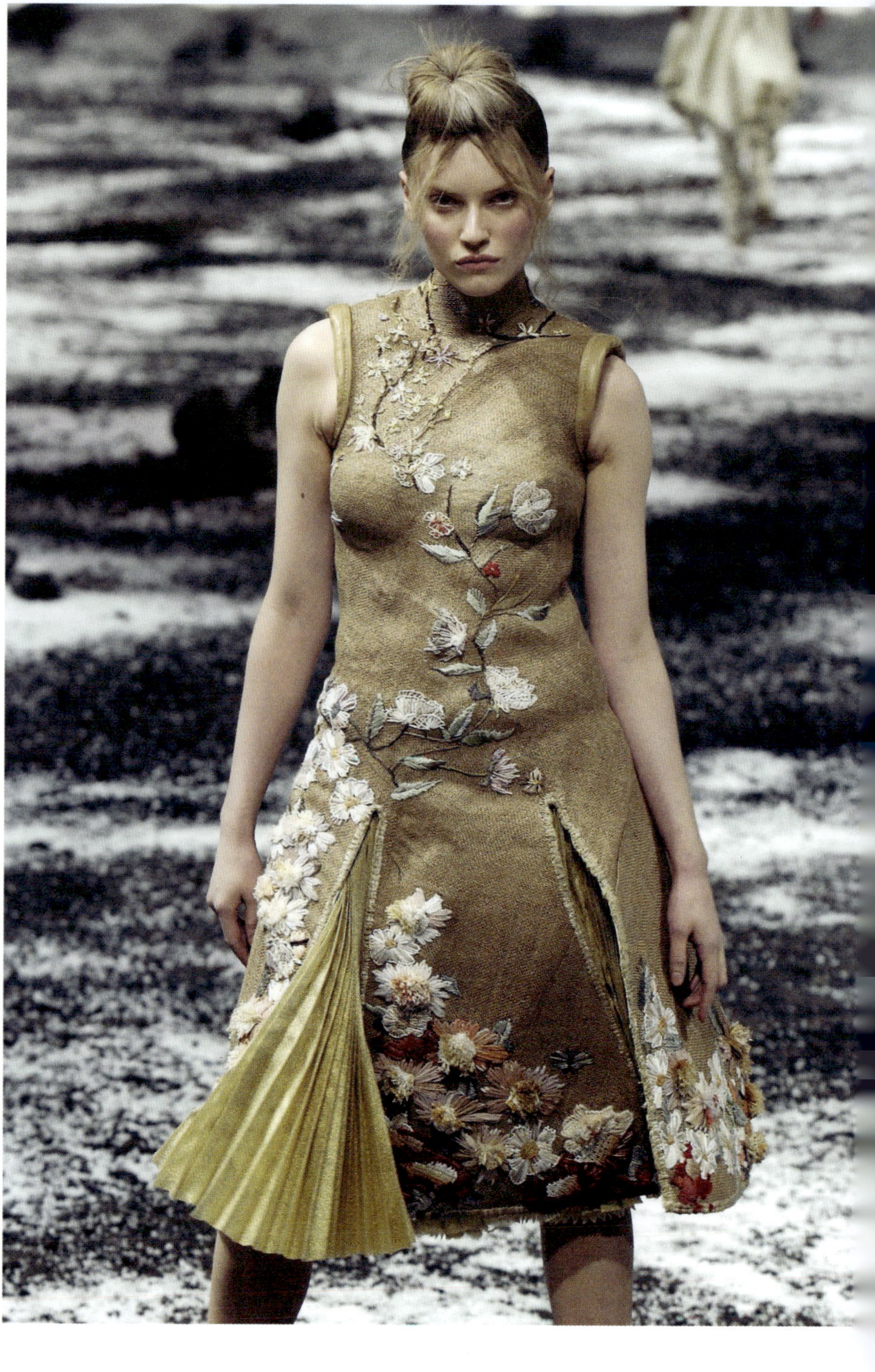

← 粗麻布上刺绣着花朵，这种纹理与符号的并置营造出触觉诱惑。

> "当你看到一个女人穿着我的衣服时，你会想要更多地了解她们。对我来说，这就是优秀设计师与糟糕设计师的区别所在。"
>
> 麦昆

麦昆的中心思想一直是女性赋权，所以他在利用和颠覆刺绣遗产时很可能是有目的性的。由于无法获得知识或从事实际的工作，人们希望女性在婚前把大部分时间花在针线活上，而针线活固有的无用性反映了社会地位较高的女性在知识和实际生活中的限制。在"沃斯"系列中，一名模特身着绣着花朵的红色麻质连衣裙，戴着刺状浆果装饰面罩，似乎正在尖叫。

麦昆1997—1998年的系列中，奶油色的马皮上绣着金色的花朵，与粗糙、原始、皮毛和合体的剪裁形成了微妙的对比。淡紫色的丝绸上衣与一件绣有花朵和鱼的拖地长裙，让人联想到这种技术源自中国。来自亚洲的影响在"沃斯"系列的夹克、帽子与裤子上也体现得精美绝伦、淋漓尽致，水晶与刺绣植物将灰色的羊毛面料变成了一个富有生命力的花园。

经典女性曲线

"我想强调女性曲线，"麦昆解释说，"那几乎是和古典雕塑一样的线条。"尽管麦昆所在的时代是一个崇尚雌雄同体的时代，时尚界对直线型身材的尊崇打破了传统的性别界限，并刻薄地优先考虑极端年轻和消瘦的外形，麦昆则更喜欢典型的女性轮廓。对他来说，通过垫臀或使用紧身胸衣来收紧腰部，可以体现强大的女性形象。其中，沙漏廓形便是他对女性特质和力量的召唤。他使用腰带、吊带、紧身胸衣和魅影般的配饰来吸引人们对腰部的关注，并强调腰部在女性美中的主导地位。

麦昆1998年春夏"无题"系列中的一件由铝和皮革制成的紧身胸衣，是他赞美腰部的最极端、最超凡脱俗的方式之一。这款胸衣精心复刻了脊柱和肋骨，延伸出变形的尖尾。在它的展示中，人类就像是自然历史博物馆里的恐龙。包裹在模特身体上的金属肋骨，吸引了人们对她腰部构造的注意，同时也使她的每一次呼吸都清晰可见。在麦昆的1999年秋冬"全景"系列中，一件金属圈胸衣完全覆盖了女性的躯体。平淡无奇的粗花呢夹克中的皮革背带，让人想起传统的英国狩猎装，同时通过其紧身的廓形和明显的接缝来突出穿着者的胸腔和胸部。

麦昆秀场中最夸张的紧身胸衣并不是由女性穿着的，而是由珍珠先生在他"群鸟"系列中的演绎，但在他的整个职业生涯中，不那么极端的紧身胸衣不断地成为他系列的一部分。"但丁"系列中的一件淡紫色和黑色蕾丝紧身胸衣，有着高领口和低胸剪裁。珠子和

→ 肖恩·利尼的铝与皮革材质的"脊椎"紧身胸衣紧紧地包裹着模特的身体。

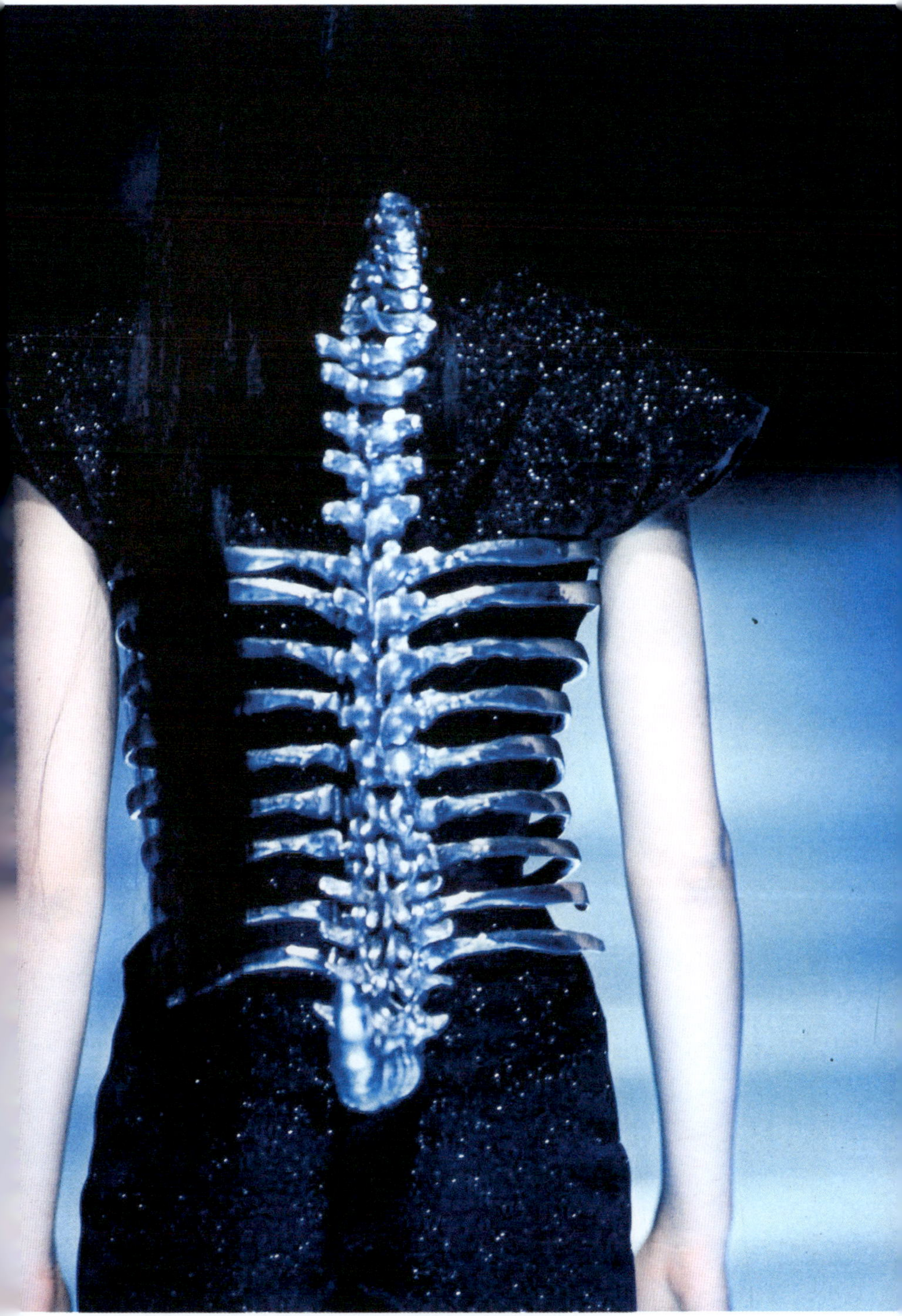

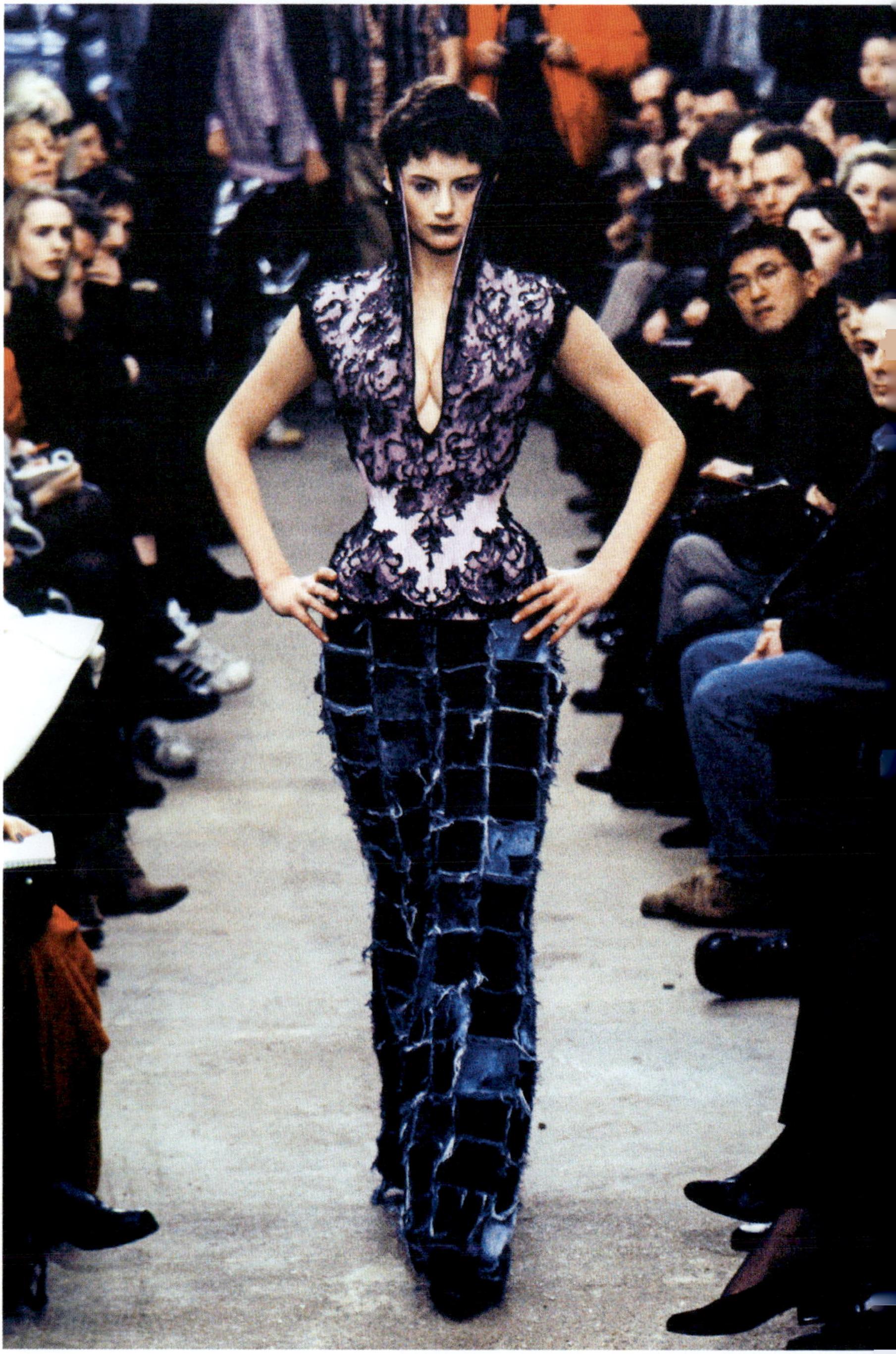

"我想强调女性曲线,那几乎是和古典雕塑一样的线条。"

麦昆

蕾丝下可见的鱼骨结构表明了麦昆对正宗紧身胸衣工艺的忠实,并通过对其结构和外观的坚持,实现紧身胸衣的穿着体验和视觉冲击力。对许多人来说,紧身胸衣是非常性感的,而麦昆收紧女性腰部的做法不仅关乎穿着者,也关乎她的崇拜者。在他1997—1998年的纪梵希高定系列中,他设计了鸟类羽毛和头骨装饰的皮革紧身胸衣。当女性曲线普遍被污名化时,皮革紧身胸衣是对女性的一种赋权。挑战性别规范对社会是有益的,并且可以促进潜在的更健康的审美。按照麦昆的说法:"女人应该看起来像女人。"

← 1996—1997年"但丁"系列中,霍诺尔·弗雷泽身着装饰着珠子和蕾丝的丁香色丝绸紧身胸衣,让人想起维多利亚时代的舞会礼服和过去的女主角。

哥特复兴

麦昆是20世纪90年代引领哥特式叙事复兴的先驱,并将其作为主流表现形式,从亚文化环境中带入更严肃、更神圣的艺术空间。虽然哥特风格在起源和表现形式上具有明显的英国特色,但在艺术、文学、电影和时尚领域中的哥特主题定义了90年代欧洲、英国和美国的文化。后现代主义、世纪末的焦虑、艾滋病危机、经济崩溃以及其他社会政治的影响,激发了人们对这种长期存在的美学的主流拥护,这种美学围绕着超自然的危险、被压抑的恐怖、性与死亡的融合。19世纪的精神分析学家卡尔·荣格(Carl Jung)称之为"阴影"。荣格理论充满了内在的未知和潜在的黑暗力量,哥特式意象将其描绘为吸血鬼、幽灵和其他邪恶力量。对麦昆而言,由戈雅(Goya)、蒙克(Munch)、亨利·辛格尔顿(Henry Singleton)和伊芙琳·德·摩根(Evelyn De Morgan)等艺术家创立的高雅哥特式艺术主题,已经与大众市场的哥特形式相融合,例如《吸血鬼猎人巴菲》(Buffy the Vampire Slayer)系列和电影《惊情四百年》(Bram Stocker's Dracula)。

起源于20世纪80年代英国夜总会的哥特青年亚文化,因其对黑色和所有令人毛骨悚然的事物的偏爱,使这种具有营地特质的文化在十年后变得更加主流。哥特风格迎合了麦昆弥合阶级和文化差异的能力。他优雅地推翻了高雅艺术和低俗文化之间的区别,

→ 麦昆 2009—2010 年 "丰饶角"系列中,黑色鸭子羽毛营造出一种威胁而诱人的氛围。

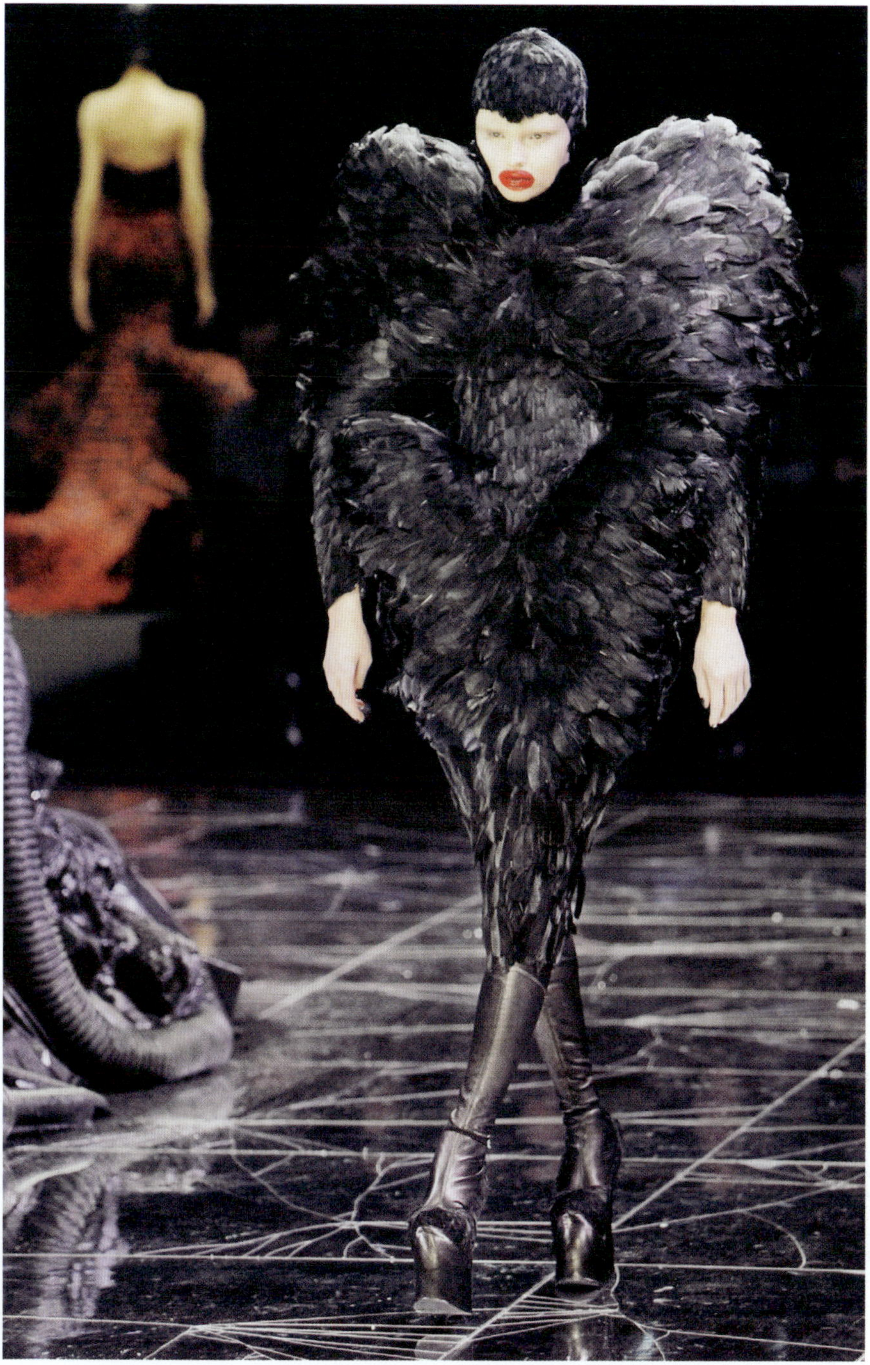

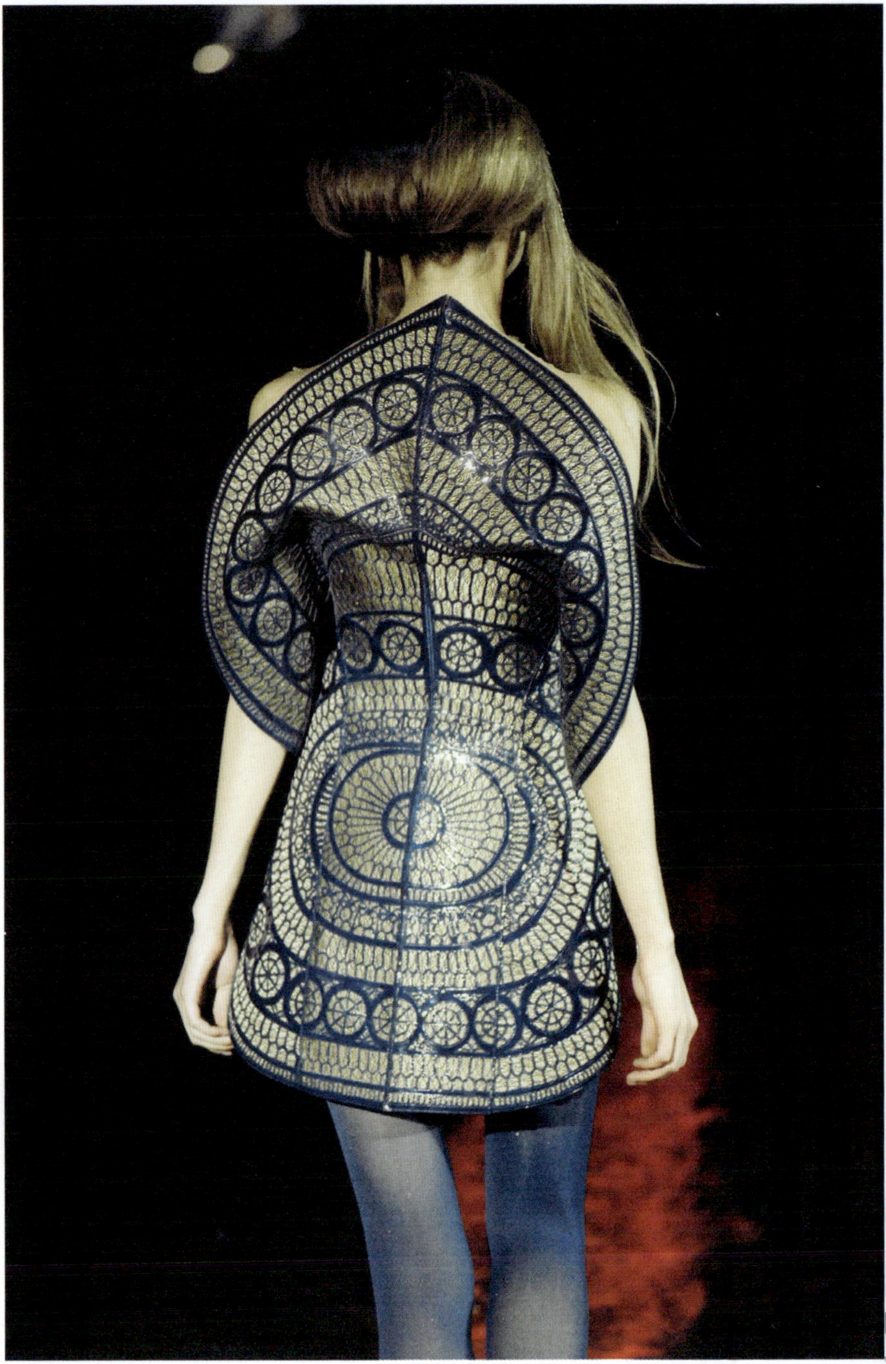

← 皮革图案和折叠工艺，营造了外层正在衰败的错觉，唤起了经典恐怖电影中有关变形的隐喻。

→ 麦昆 2007—2008 年系列中，为纪念 17 世纪塞勒姆（Salem）被谋杀的女巫，一件塑型皮革紧身上衣遮住了一部分脸，让人想起了恐怖电影中的画面。

"关于哥特式文化现象的一个
经久不衰的真理是,
它不会消亡。"

凯瑟琳·斯普纳

但正如文化评论家、兰卡斯特大学（Lancaster University）教授凯瑟琳·斯普纳（Catherine Spooner）所言，麦昆的作品是哥特式的而不是哥特。"鬼魂、亡灵、祖先的诅咒和神秘的归来是电影和书籍中最明确的哥特式风格属性。对麦昆来说，过去的经历对现在来说也很沉重。"

麦昆的2007—2008年秋冬"纪念1692年塞勒姆的伊丽莎白·毫"（In Memory of Elizabeth Howe, Salem, 1692）系列，是向他的远祖的致敬，麦昆的母亲曾告诉他在他的祖先中也曾有人遭受过像塞勒姆的女巫的迫害。1692年塞勒姆巫术审判可以被视为一堂歇斯底里的文化课，揭露对女孩和妇女的迫害，以及相信流言而不是调查的危害。麦昆对家族历史的迷恋，尤其是其中的黑暗元素，使他将受害者想象成一个穿着塑型皮革紧身胸衣的战士，她的嘴被隐藏起来，沉默不语。系列中异教徒的肖像装饰的配饰，作为这些元素在他艺术中的一个例子，讲述了涵盖迫害、复兴、复仇和不可抑制的欲望的哥特式主题。正如凯瑟琳·斯普纳所言："关于哥特式文化现象的一个经久不衰的真理是，它不会消亡。"

苏格兰属性

任何关于麦昆的探索都以格子呢开始和结束。这种材料的象征意义所代表的关于麦昆的家族遗产和强烈的苏格兰身份认同在之前的章节中都已经讨论过了。麦昆家族的标志性格子呢由血红色、黑色和淡淡的黄色组成。这种颜色和图案代表了麦昆的本质特征、个性、精神和审美，也代表了他的家族血统。在他的整个职业生涯中，他都以一种宏伟而微妙的方式使用这种格子呢。作为一名设计师，麦昆的作品精简且有个人风格，格子呢作为一个罕见的常规主题贯穿其中，并将他的各个系列串联起来，展现了他对真实性和创意完整性的承诺。

2006年，麦昆与女演员莎拉·杰西卡·帕克（Sarah Jessica Parker）一起出席了时尚界最负盛名的年度盛会——大都会艺术博物馆慈善舞会（the Met Costume Institute Gala）。这一年的主题为"英伦时尚的传统与革新"。按照传统，麦昆身着一件家族格子呢的经典苏格兰短裙和羊毛披肩，而莎拉穿着更华丽版本的舞会礼服裙，缎面的格子呢做成褶皱披肩，肩上别着花朵别针。后者刚因《欲望都市》（Sex and the City）而成名，是时尚界最具影响力的主流大使之一。莎拉本与英格兰狂热风格格不入，麦昆则使这位广受欢迎的女演员穿上"大众媒体友好型"的家族格子呢，同时他自己也穿着真实的格子呢，展示了他对标志性面料的多样性应用。

麦昆使用格子呢来表达苏格兰作为殖民地的艰难历史。他在回应英国人

→ 格子呢，无论是代表麦昆的家族，还是借鉴了其他图案，都成了他处理家族传承带来的复杂性和创伤的媒介。

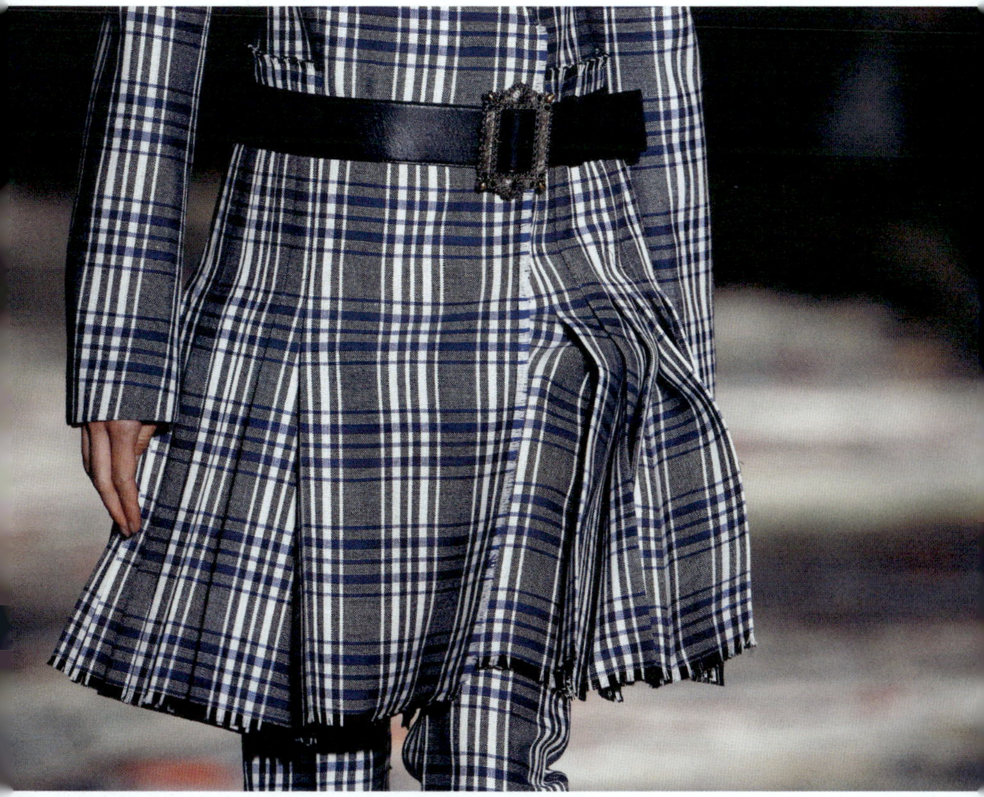

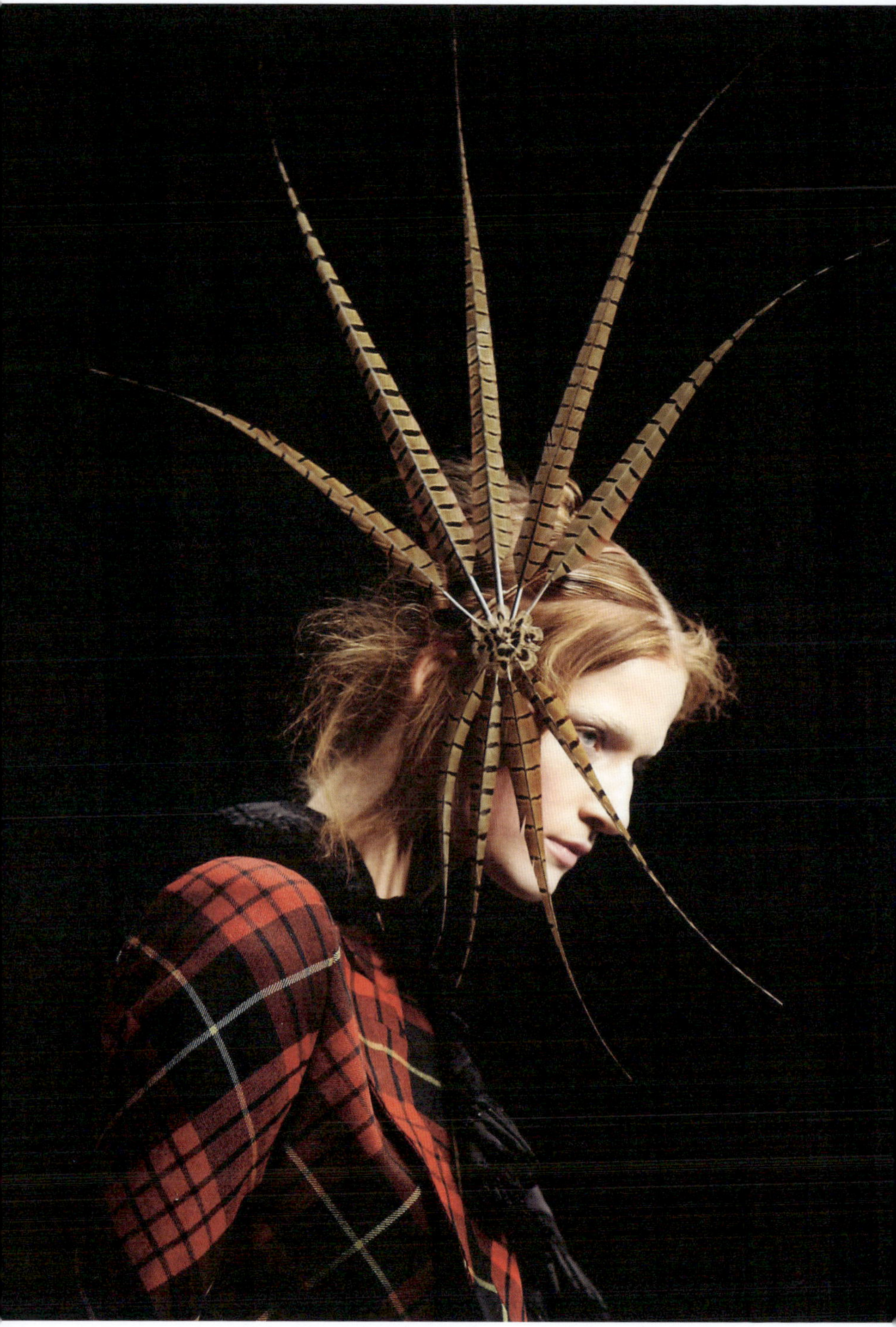

← 麦昆使用他家族的格子呢来维护他认为被挪用且英国化了的图案的主张。他从未失去与自己身份的联系，也从未让他的追随者忘记历史上的痛苦部分。

"苏格兰的历史与浪漫无关。"

麦昆

对哈吉斯和风笛的媚俗迷恋时说："苏格兰的历史与浪漫无关。"麦昆最早的格子呢设计出现在1995—1996年"高原强暴"系列中的两套颠覆性的西装上。其中一件上身拼接格子呢的绿色羊毛夹克，前胸敞开，搭配格子呢铅笔裙，在展示面料的厚度和强韧的同时也体现了模特的脆弱和暴露。另一件格子呢礼服使模特的躯体裸露在外，却将她的脖子用格子呢与蕾丝领子覆盖，体现了麦昆在整个系列中表达的反抗精神。在麦昆2006—2007年"卡洛登的寡妇"系列中，格子呢变得结构清晰且更加优雅。由他标志性格子呢制成的连衣裙和西装装饰着珠子和蕾丝细节，展示了他非凡的剪裁能力以及对各种材料的娴熟应用，同时，也仍然带着他作为艺术家的蔑视、坚韧、力量和挑战的个人特征。

术语汇编

阿尔弗雷德·希区柯克（Alfred Hitchcock，1899—1980）——英国著名电影导演，被称为"悬疑大师"。希区柯克的代表作包含 1954 年的《电话谋杀案》、1958 年的《迷魂记》、1960 年的《惊魂记》和 1963 年的《群鸟》。见《群鸟》。

安·迪穆拉米斯特（Ann Demeulemeester，1959—）——比利时时装设计师，其同名品牌在 20 世纪 90 年代定义了强烈、简约、不对称的美学。见安特卫普六君子 / 安特卫普学派。

安特卫普六君子 / 安特卫普学派（Antwerp Six/Antwerp School）——由 1980—1981 年间从安特卫普的时装学院毕业的六名时装设计师组成的有影响力的团体，其中包括德赖斯·范诺顿与安·迪穆拉米斯特。倡导极简主义、实验性、雌雄同体的时尚美学，包括解构主义和艺术引用。

先锋（Avant-garde）——新的实验性想法和方法。

超低腰露臀裤（Bumsters）——麦昆的标志性低腰长裤，剪裁在骨盆以下，并暴露出穿着者的臀部。

荆棘冠冕（Crown of Thorns）——根据《新约》，耶稣在被钉在十字架期间被迫在头上戴上编织的荆棘，这是他受难的一部分。

"但丁"系列（Dante collection）——麦昆的 1996—1997 年秋冬系列，以战争和历史暴行为主题，在斯皮塔菲尔德教堂上演。

墨西哥亡灵节（Dia de los Muertos）——一个传统的墨西哥节日。家庭和社区通过愉快、肯定生命的艺术和节日形式来纪念死者。

解构主义（Deconstructivism）——一种时尚和艺术运动，专注于用创造性技术与结构，暴露服装接缝和不封边的下摆来体现创意。见安特卫普六君子 / 安特卫普学派。

德赖斯·范诺顿（Dries Van Noten，1958—）——比利时时装设计师，因他从极简主义走向多彩抽象风格而被《纽约时报》评为"时装界最聪明的设计师之一"。见安特卫普六君子 / 安特卫普学派。

"眼"（Eye）——麦昆 2000 年春夏系列，在纽约发布。该系列参考了穆斯林服饰、束缚捆绑和运动服装。麦昆声称此系列是对伊斯兰恐惧症的批评。

哥特式（Gothic）——一种美学。一种专注于怪诞中的死亡、衰败、性和美的艺术、文学和时尚主题。以病态主题为特征的哥特式美学本质上是"黑暗的"。

汉斯·贝尔默（Hans Bellmer）——德国超现实主义艺术家。他制作了真人大小的青春期女性玩偶，并用于拍照和装置艺术中。

恐怖电影（Horror films）——一种致力于病态主题的电影类型，旨在引起观众的恐惧。

开膛手杰克（Jack the Ripper）——19 世纪 80 年代末在伦敦白教堂区谋杀和肢解贫困性工作者的连环杀手。尽管人们对他的罪行有着持续的文化迷恋，但他的身份从未被明确地透露过。

乔-彼得·威金（Joel-Peter Witkin，1939—）——艺术摄影师，以死亡、腐烂和社会边缘化群体为主题拍摄的影像而闻名。

约翰·加利亚诺（John Galliano，1960—）——英国时装设计师。他的戏剧化时装秀系列因其艺术性、智慧引用和超高标准的执行力而著称。

乔伊斯·麦昆（Joyce McQueen，1934—2010）——亚历山大·麦昆的母亲，是他最大的支持者，也是对麦昆最有影响力的人。她是系谱学家，并对她家族的历史充满热情。

死亡警示（Memento Mori）——一种艺术和文学风格。向死而生。提醒人们死亡无处不在，死亡终将到来。

萨维尔街（Savile Row）——伦敦梅菲尔的一条传奇街道，以顶级的裁缝和男装定制闻名。自 18 世纪 30 年代该地区成立以来，一直受到英国和国际精英们的青睐。

《群鸟》（The Birds）——阿尔弗雷德·希区柯克 1963 年的代表作，讲述了一个迷人的女人（蒂比·海德莉饰）追求英俊的男主角（罗德·泰勒饰）的故事，小镇的鸟儿变成了袭击人类的神秘凶残暴徒。

图片出处说明

感谢下面列出的所有人,允许在出版中复制和使用图像。我们已尽一切努力联系版权所有者。请我们无法联系到的版权所有者联系我们,以便在后续版本和重印中及时更新。

Alamy: 23 (Renault / Globe / MediaPunch); 52 (PA Images/Alamy Stock Photo).

©FirstVIEW/IMAXtree.com:
11; 17; 21; 25; 29; 35; 36; 39; 46; 51; 55; 57; 62; 71; 73; 77; 78; 83; 87; 88; 94; 101; 105; 109; 111; 116; 119; 123; 124; 127; 128; 132; 133.

Getty: 15, 123 (Victor Virgile); 27 (Martyn Hayhow); 33 (Alex Lentati/ANL/Shutterstock); 41 (Mike Marsland); 42 (Chris Jackson); 45 (Michel Dufour); 59 (Stuart C. Wilson); 61, 106 (Thierry Orban); 65 (Dimitrios Kambouris); 67, 115 (Lorenzo Santini); 75, 138 (Stephane Cardinale - Corbis); 93 (Stephen Lovekin); 97 (Andy Paradise); 102 (Photo Josse/Leemage); 113 (Photo 12); 120 (Frederic Bukajlo); 131 (Pascal Le Segretain); 137 (Estrop).